MAYUMU: FİLİPİN AMERİKAN TATLILARI

Filipin Mirasını Amerikan Yeteneğiyle Harmanlayan 100 Tatlı İkram

Betül Utku

Telif Hakkı Malzemesi ©2024

Her hakkı saklıdır

Bu kitabın hiçbir bölümü, incelemede kullanılan kısa alıntılar dışında, yayıncının ve telif hakkı sahibinin uygun yazılı izni olmadan, hiçbir şekilde veya yöntemle kullanılamaz veya aktarılamaz. Bu kitap tıbbi, hukuki veya diğer profesyonel tavsiyelerin yerine geçmemelidir.

İÇİNDEKİLER

İÇİNDEKİLER 3
GİRİİŞ 6
UBE TATLILARI 7
   1. UBE VE MANGO ŞERBETİ 8
   2. MOCHİ TARZI UBE HALAYA 10
   3. UBE VE MANGO LUMPİA 12
   4. PİŞİRMESİZ UBE CHEESECAKE 14
   5. UBE RULO DONDURMA 17
   6. UBE MOCHİ 19
   7. UBE BEZELİ UBE CUPCAKES 21
   8. UBE TRES LECHES PASTASI 24
   9. UBE VE HİNDİSTAN CEVİZLİ KREMALI PASTA 27
   10. UBE YASTIK TEREYAĞI 30
   11. UBE PANNA COTTA 32
   12. DONDURULMUŞ UBE HALAYA 35
   13. UBE DONDURMA 37
   14. UBE TARTLARI 39
   15. UBE DOLGULU PANDESAL 41
   16. UBE TURTA 44
   17. UBE PİRİNÇ SÜTLÜ PANNA COTTA 46
   18. HAUPİA VE UBE PASTASI 48
   19. HİNDİSTAN CEVİZİ KURABİYE KABAKLI UBE CHEESECAKE ... 51
   20. UBE MACAPUNO SALATASI 54
   21. UBE MUHALLEBİ TART 56
   22. MALASADAS UBE 59
   23. UBE MACAPUNO YAPIŞKAN PIRINÇ KEKİ 61
   24. UBE MUHALLEBİ MAMON 63
   25. UBE VE KAHVELİ BROWNİ 66
   26. UBE KREP 68
   27. TOZ UBE HALAYA 70
   28. UBE SÜTLÜ EKMEK 72
   29. HİNDİSTAN CEVİZİ SIRLI UBE DONUTS 76
   30. UBE MUZ ÇITIRTISI 78
   31. CEVİZLİ FIRINDA UBE 80
TOPLAMLAR VE DOLGULAR 82
   32. KIZARMIŞ HİNDİSTAN CEVİZİ LORLARI (LATİK) 83
   33. AHUDUDU VE CHAMOY PİCHİ-PİCHİ 85
   34. HORCHATA BİBİNGKA 87
   35. KURABİYE VE KREMA SUMAN MORON 89
   36. SPECULOOS BİKO 91

37. MERMER TAHİN PALİTAW 93
38. ESPASOL LOKMALARI 95
39. MİNİ SALABUNDT KEKLERİ 97
40. KONFETİ PİYANO 99
41. ANANASLI TERS GUAVA CUPCAKES 101
42. UBE MACAPUNO ERİMİŞ LAV KEKLERİ 104
43. HATMİ DOLGULU MAMON 106
44. YEMA BUCKEYES 108

MANGO TATLILARI 110
45. MANGOLU VE ACILI CHEESECAKE 111
46. TAZE MANGO, BAL VE HİNDİSTAN CEVİZİ 113
47. FİLİPİNLİ MANGO YAPIŞKAN PİRİNÇ TATLISI 115
48. MANGOLU VE BİBERLİ DONDURMALI PASTA 117
49. O İLE HİNDİSTAN CEVİZLİ TAPYOKA PUDİNGİ 119
50. MANGO-PORTAKAL SOSLU YILDIZ MEYVESİ 121
51. MANGO VE BİBERLİ DONDURMALI KEK 123
52. MANGO ŞAMANDIRASI 125

MUZ TATLILARI 127
53. FİLİPİNLİ BUHARDA PİŞMİŞ MUZLU KEK 128
54. MUZLU BÖREK TOPLARI 130
55. HİNDİSTAN CEVİZİ SÜTÜNDE FİLİPİNLİ MUZ-LYCHEE TATLISI 132
56. HİNDİSTAN CEVİZİ SÜTÜNDE FİLİPİNLİ MUZ 134
57. HİNDİSTAN CEVİZİ SÜTÜNDE TATLI PATATES VE MUZ 136
58. MUZLU ÇİN BÖREĞİ 138

PİRİNÇ TATLILARI 140
59. PİRİNÇ VE HİNDİSTAN CEVİZLİ BUHARDA PİŞMİŞ KEK 141
60. KOYU HİNDİSTAN CEVİZLİ ŞEKER ŞURUPLU SÜTLAÇ 143
61. FİLİPİNLİ TATLI PİRİNÇ BARDAKLARI 145
62. PİRİNÇ VE HİNDİSTAN CEVİZLİ TATLI KREP 147
63. PANDAN MUHALLEBİ VE YAPIŞKAN PİRİNÇ KATLI TATLI 149

MEYVE SALATALARI 151
64. BUKO SALATASI 152
65. FİLİPİN USULÜ MEYVE SALATASI 154
66. TROPİKAL MEYVE SALATASI 156

EKMEK 158
67. ENSAYMADA 159
68. PAN DE COCO 161
69. İSPANYOL EKMEĞİ 163
70. TURON (MUZ LUMPIA) 165
71. BICHO-BICHO (BÜKÜMLÜ DONUTLAR) 167
72. HOPIA 169
73. FİLİPİNLİ BIBINGKA MUZLU EKMEK 171

DONDURULMUŞ İKLİMLER 174

74. PANDAN DONDURMA 175
75. FİLİPİNLİ MANGOLU DONDURMA 177
76. ACI KARAMEL SOSLU DONDURMA 179
77. TRAŞLANMIŞ BUZ TATLISI 181
78. HALO-HALO DONDURMALAR 183
79. MANGO VE HİNDİSTAN CEVİZİ ŞERBETİ 185
80. ANANAS VE HİNDİSTAN CEVİZLİ GRANİTA 187
81. MANGO HİNDİSTAN CEVİZLİ BUZ POPS 189
82. AVOKADOLU DONDURMA 191

TOFU TATLILARI 193
83. TAHO 194
84. TOFU LECHE BÖREK 196
85. TOFU HALO-HALO 198
86. TOFU MAJA BLANCA 200
87. TOFU MANGO SAGO 202
88. TOFU UBE TAPYOKA PUDINGI 204
89. TOFU BUKO PANDAN SALATASI 206

REÇELLER VE REÇELLER 208
90. MATAMİS NA BAO 209
91. KARAMELİZE MUZ VE JACKFRUIT REÇELİ 211
92. ŞEFTALİ MANGO KOMPOSTOSU 213
93. MANGO ANANAS REÇELİ 215
94. GUAVA JÖLESİ 217
95. KALAMANSİ MARMELATI 219
96. MANGO CHUTNEY 221
97. ANANAS HİNDİSTAN CEVİZİ REÇELİ 223
98. ACILI MANGO CHUTNEY 225
99. TAZE ANANAS TURŞUSU 227
100. LİMON TURŞUSU 229

ÇÖZÜM 231

GİRİİŞ

Damak zevkini harekete geçiren ve mutfak geleneklerini onurlandıran 100 tatlı ikramla Filipin mirasının Amerikan yeteneğiyle birleşimini kutladığımız "Mayumu: Filipinli Amerikan Tatlıları"na hoş geldiniz. Filipince'de tatlılık anlamına gelen Mayumu, Filipinli Amerikan tatlılarını tanımlayan tatların, tekniklerin ve malzemelerin keyifli kesişimini keşfederken bu yemek kitabının özünü somutlaştırıyor.

Bu yemek kitabında Filipinli Amerikan tatlılarının zengin ve çeşitli dünyasında keyifli bir yolculuğa çıkacaksınız. Leche börek ve halo-halo gibi klasik favorilerden ube cheesecake ve pandan kekleri gibi yenilikçi kreasyonlara kadar her tarif, Filipinli Amerikan mutfağını karakterize eden eşsiz kültürel karışımın bir kutlamasıdır. İster çocukluğunuzun nostaljik lezzetlerini özlüyor olun, ister mutfakta yeni ufuklar keşfetmek istiyor olun, bu tatlılar her iki dünyanın da tatlı ve tatmin edici lezzetlerini sunuyor.

"MAYUMU: FİLİPİN AMERİKAN TATLILARI"nı diğerlerinden ayıran şey, özgünlüğe ve yaratıcılığa olan bağlılığıdır. Her tarif, geleneksel Filipin tatlılarından ilham alırken, Amerikan mutfak geleneklerinden modern dokunuşlar ve etkiler de içeriyor. İster tanıdık malzemeleri yeni yöntemlerle kullanın, ister yenilikçi lezzet kombinasyonlarını deneyin, bu tatlılar Filipinli Amerikan mutfağının canlı ve dinamik doğasını yansıtıyor.

Bu yemek kitabı boyunca temel tekniklerde ustalaşmak, özgün malzemeler bulmak ve tatlılarınıza Filipin kültürünün sıcaklığını ve misafirperverliğini katmak için pratik ipuçları bulacaksınız. İster özel bir gün için yemek yapıyor olun, ister aileniz ve arkadaşlarınızla atıştırmalıklar paylaşın, ister sadece tatlı bir kişisel bakım anının tadını çıkarın, "MAYUMU: FİLİPİN AMERİKAN TATLILARI" sizi bu durumu tanımlayan zengin tatlar ve deneyimlerin tadını çıkarmaya davet ediyor. eşsiz mutfak mirası .

UBE TATLILARI

1.Ube ve Mango Şerbeti

İÇİNDEKİLER:
- 1 bardak küp (mor tatlı patates) püresi
- 1 bardak mango püresi
- 1/2 su bardağı şeker
- 1/4 su bardağı su
- 1 yemek kaşığı limon suyu

TALİMATLAR:
a) Küçük bir tencerede şekeri ve suyu birleştirin. Orta ateşte ısıtın, şeker tamamen eriyene kadar sürekli karıştırın. Isıdan çıkarın ve soğumaya bırakın.
b) Bir karıştırıcıda ube püresi, mango püresi, soğutulmuş şeker şurubu ve limon suyunu birleştirin. Pürüzsüz olana kadar karıştır.
c) Karışımı bir dondurma makinesine dökün ve üreticinin talimatlarına göre sorbe kıvamına gelinceye kadar çalkalayın.
ç) Şerbeti bir kaba aktarın ve servis etmeden önce en az 4 saat dondurun.

2.Mochi Tarzı Ube Halaya

İÇİNDEKİLER:
- 1 su bardağı yapışkan pirinç unu
- 1/4 su bardağı şeker
- 1 bardak su
- 1/2 su bardağı toz ube halaya
- Toz alma için ek yapışkan pirinç unu

TALİMATLAR:
a) Mikrodalgaya dayanıklı bir kapta yapışkan pirinç ununu, şekeri ve suyu birleştirin. Pürüzsüz olana kadar karıştırın.
b) Karışımı, yapışkan bir hamur haline gelinceye kadar her dakika karıştırarak 2-3 dakika boyunca yüksek sıcaklıkta mikrodalgada tutun.
c) Hamuru biraz soğumaya bırakın, ardından küçük porsiyonlara bölün ve her parçayı bir disk şeklinde düzleştirin.
ç) Her hamur diskinin ortasına az miktarda toz haline getirilmiş ube halaya yerleştirin, ardından kenarları birbirine sıkıştırıp bir top oluşturun.
d) Yapışmayı önlemek için topları ilave yapışkan pirinç ununa bulayın.
e) Hemen servis yapın veya 2 güne kadar oda sıcaklığında hava geçirmez bir kapta saklayın.

3.Ube ve Mango Lumpia

İÇİNDEKİLER:
- Lumpia ambalajları (mağazadan satın alınan veya ev yapımı)
- Ube halaya
- Olgun mango dilimleri
- Kızartmak için sıvı yağ
- Üzerine serpmek için pudra şekeri (isteğe bağlı)

TALİMATLAR:
a) Temiz bir yüzeye bir lumpia ambalajı yerleştirin.
b) Ambalajın ortasına az miktarda ube halaya dökün.
c) Ube halayanın üzerine bir dilim olgun mango yerleştirin.
ç) Ambalajın kenarlarını dolgunun üzerine katlayın, ardından kenarları suyla kapatarak sıkıca bir silindire sarın.
d) Kalan ambalajlar ve doldurma ile tekrarlayın.
e) Yemeklik yağı bir fritözde veya tavada 350°F'ye (175°C) ısıtın.
f) Lumpia rulolarını sıcak yağa gruplar halinde dikkatlice ekleyin, altın rengi kahverengi ve gevrek oluncaya kadar, parti başına yaklaşık 3-4 dakika kızartın.
g) Lumpiyi yağdan çıkarın ve kağıt havluların üzerine boşaltın.
ğ) İsteğe bağlı olarak, servis yapmadan önce lumpia'yı pudra şekeri ile tozlayın.
h) Sıcak servis yapın ve tadını çıkarın!

4. Pişirmesiz Ube Cheesecake

İÇİNDEKİLER:
DOLGU MALZEMELERİ
- 2 su bardağı vegan krem peynir
- 1 su bardağı küp 250 gram
- 1 su bardağı hindistan cevizi kreması
- ½ bardak akçaağaç şurubu
- ½ yemek kaşığı vanilya
- ½ yemek kaşığı tarçın

KABUK MALZEMELERİ
- 2 bardak ceviz
- ¼ bardak hindistan cevizi şekeri
- ¼ bardak hindistan cevizi yağı
- Bir tutam vanilya
- bir tutam tuz

TALİMATLAR:
a) Küpünüzü yıkayıp soyarak başlayın. Daha sonra kabaca daha küçük parçalara bölün.
b) Küpü kaynar suya koyun ve yam çok yumuşak olana ve içine kolayca bir çatal saplayabilecek duruma gelene kadar 7-10 dakika kaynatın.
c) Küp piştikten sonra çatal veya patates ezici kullanarak ezin.
ç) Yaklaşık 1 bardağa eşit olan 250 gramı ölçün.
d) Ube, krem peynir, hindistancevizi kreması, akçaağaç şurubu, vanilya ve tarçını bir mutfak robotuna ekleyin ve tüm malzemeleri süper pürüzsüz hale gelinceye kadar karıştırın.
e) Süper pürüzsüz bir doku istediğim için benimkini en az beş dakika yüksek hızda karıştırdım.
f) Cheesecake dolgusu kremsi ve pürüzsüz hale geldiğinde bir kenara koyun.
g) Temiz bir mutfak robotuna cevizleri, şekeri, hindistancevizi yağını, vanilyayı ve tuzu ekleyin. İyice birleşene kadar onları vurun.
ğ) Kelepçeli bir kalıbı parşömen kağıdıyla kaplayın ve hindistancevizi yağıyla cömertçe yağlayın.
h) Kabuk dolgusunu tavaya aktarın. Biraz yumuşak ve akıcı olabilir ama sorun değil çünkü buzdolabında sertleşecektir.

ı) Tavaya eşit şekilde yayıldığından emin olmak için bir kaşık kullanın.
i) Şimdi cheesecake dolgusunu kabuğun üzerine dökün ve bir kaşık kullanarak üstünü düzeltin ve eşit bir katman oluşturun.
j) Cheesecake'i gece boyunca veya 6 saat veya daha fazla buzdolabında saklayın. Tamamen sertleşmesi için bu zamana ihtiyacı olacak.
k) Pasta hazır olduğunda dilimleyin ve tadını çıkarın!

5.Ube Rulo Dondurma

İÇİNDEKİLER:

- 1 bardak küp küp
- 2 bardak ağır krema
- 14 onsluk şekerli yoğunlaştırılmış süt kutusu
- 1 çay kaşığı hindistan cevizi özü
- Süslemek için kavrulmuş hindistan cevizi

TALİMATLAR:

a) Küçük bir tencerede 4 su bardağı suyu kaynatın.
b) Doğranmış küpü ekleyin ve çatal yumuşayana kadar 5 ila 10 dakika kaynamaya bırakın.
c) Pişen patates parçalarını süzün ve soğumaya bırakın.
ç) Ağır kremayı, yoğunlaştırılmış sütü ve pişmiş küpü bir karıştırıcıya ekleyin.
d) Birleşene kadar yaklaşık 5 saniye yüksek hızda karıştırın.
e) Karışımı kenarlı bir fırın tepsisine dökün ve sertleşene kadar yaklaşık 30 dakika dondurun.
f) Dondurmayı şeritler halinde kesin ve bir spatula kullanarak dondurmayı yavaşça kısa tüplere yuvarlayın.
g) Her tüpü bir kaseye yerleştirin ve üzerine kızarmış hindistan cevizi ekleyin.

6.Ube Mochi

İÇİNDEKİLER:

- 4 yumurta
- 2 su bardağı yağsız süt
- 1 kutu 13,5 ons hindistan cevizi sütü
- 1 çay kaşığı vanilya
- 2 çay kaşığı ube özü
- 1 kutu 16 ons mochiko unu
- 2 su bardağı şeker
- 2 çay kaşığı kabartma tozu
- ½ çay kaşığı tuz
- 1/2 su bardağı eritilmiş tuzsuz tereyağı

TALİMATLAR:

a) Fırını 350F'ye önceden ısıtın.
b) Orta boy bir karıştırma kabında ıslak malzemeleri yumurta, süt, hindistan cevizi sütü, ube özü ve vanilyayı birleştirin. Birleştirmek için karıştırın. Bir kenara koyun.
c) Büyük bir karıştırma kabında kuru malzemeleri mochiko unu, şeker, kabartma tozu ve tuzu birleştirin. Birleştirmek için karıştırın.
ç) Kuruması için ıslak malzemeleri ekleyin. Birleştirmek için karıştırın. Tereyağı ekleyin ve iyice birleşene kadar tekrar karıştırın.
d) 9x13'lük bir kalıbı parşömen kağıdıyla kaplayın. Karışımı tavaya dökün ve hava kabarcıklarını çıkarmak için tavaya hafifçe vurun.
e) Fırına yerleştirin ve 1 saat boyunca veya üstü altın kahverengi olana kadar pişirin.
f) Kesmeden ve tadını çıkarmadan önce tavanın tamamen soğumasını bekleyin.

7.Ube Bezeli Ube Cupcakes

İÇİNDEKİLER:
KUPAKLAR İÇİN
- 1 ve 1/4 çubuk tuzsuz tereyağı oda sıcaklığında
- 1 ve 2/3 bardak çok amaçlı un
- 3/4 yemek kaşığı kabartma tozu
- 1 ve 3/4 su bardağı şeker
- 1 çay kaşığı tuz
- 3 çay kaşığı ube aroması Flavacol veya Mc Cormick
- 3 yumurta beyazı oda sıcaklığında
- 3/4 su bardağı oda sıcaklığında süt

UBE SWISS BEZE TEREYAĞI KREMİ İÇİN
- 3 yumurta akı
- 3/4 su bardağı şeker
- 1 ve 1/2 çubuk tuzsuz tereyağı yumuşatılmış
- 1 yemek kaşığı ube aroması

TALİMATLAR:
a) Fırını önceden 350 F'ye ısıtın. Muffin tepsisini kek kalıplarıyla kaplayın ve ikincisini 5 astarla kaplayın.

b) Tereyağını, kabartma tozunu, tuzu, şekeri ve küp aromasını bir stand mikserinin kasesinde, malzemeler kabarık hale gelinceye ve birleşene kadar yaklaşık 5 dakika boyunca kremleyin.

c) Düşük hızdaki mikserle yumurta aklarını teker teker ekleyin ve hamurla tamamen karışana kadar birkaç saniye karıştırın.

ç) Unun ⅓'ünü ekleyip karıştırmaya devam edin. Sütün yarısını ekleyin, karıştırın ve unun üçte birini daha ekleyin. Sütün kalan yarısını ekleyin, karışana kadar karıştırın ve son olarak unun kalan üçte birini ekleyin.

d) Hamuru pürüzsüz hale gelinceye kadar birkaç dakika daha karıştırın. Fincanların 2/3'ü dolana kadar kaşıkla dökün.

e) 350 F fırında 15-18 dakika veya kekin ortasına yerleştirilen kürdan temiz çıkana kadar pişirin. Kekleri buzlanmadan önce tel ızgarada tamamen soğutun.

İSVİÇRE BEZE TEREYAĞI İÇİN:
f) Bir tencereye yaklaşık 2-3 inç su doldurun. Suyu kaynatın, ısıyı azaltın ve kaynamaya bırakın.

g) Kaynayan su dolu tencerenin üzerine ısıya dayanıklı bir cam kase yerleştirin. Tencerenin üzerine tam oturan bir kase olmalı. Kaynayan suyun tencerenin tabanına değmemesi gerekiyor. Eğer öyleyse, su miktarını dikkatli bir şekilde azaltmanız gerekir.
ğ) Yumurta aklarını ve şekeri kaseye ekleyip tel çırpıcıyla sürekli çırpmaya başlayın. Karışım köpüklü ve beyaza dönüp 160 F sıcaklığa ulaştığında ısıyı kapatın. Bu yaklaşık on dakika kadar sürecektir. Yumurta akı karışımını, çırpma teli takılı bir stand mikserin kasesine dökün. Karışım parlak ve sert zirveler oluşana kadar yüksek hızda çırpmaya başlayın. Bu yaklaşık 5-8 dakika sürmelidir. Kase dokunulamayacak kadar soğuk olmalıdır.
h) Yumuşatılmış tereyağını miksere ekleyin ve çırpmaya devam edin. Tereyağlı krema topaklı hale gelebilir veya bir an için kıvrılabilir. Kalın, yumuşak bir krema oluşana kadar çırpmaya devam edin. Ube aromasını ekleyin ve birleşene kadar çırpmaya devam edin.
ı) Sıkıca kapalı bir kapta oda sıcaklığında saklayın veya hemen krema kullanın.

8.Ube Tres Leches Pastası

İÇİNDEKİLER:
- 3 büyük yumurta, ayrılmış
- 1/8 çay kaşığı tartar kreması
- 1 su bardağı şeker
- 1 fincan çok amaçlı un
- 2 çay kaşığı kabartma tozu
- 1/4 bardak tam yağlı süt
- 2 çay kaşığı ube özü

ISLATMA SIVI İÇİN
- 1 bardak ağır krema
- 1 kutu hindistan cevizi sütü
- 1 kutu yoğunlaştırılmış süt

BEZE İÇİN
- 4 yumurta akı
- 1/8 çay kaşığı tartar kreması
- 2 yemek kaşığı şeker
- 1/4 bardak şekersiz kıyılmış hindistan cevizi

TALİMATLAR:
a) Fırınınızı 350F'ye önceden ısıtın. 8X8 cam pişirme kabını yağlayın ve bir kenara koyun.
b) Ayrı bir kapta un ve kabartma tozunu birlikte çırpın. Bir kenara koyun.
c) Stand mikserinin kasesinde yumurta aklarını ve tartar kremasını yumuşak zirveler oluşuncaya kadar çırpın. Yavaş yavaş şekeri ekleyin ve sertleşinceye kadar çırpın.
ç) Yumurta sarılarını birer birer birleşene kadar çırpın.
d) Mikseri düşük hıza getirin ve unu azar azar ekleyerek birleşene kadar karıştırın.
e) Bir ölçüm bardağında süt ve küp ekstraktını karıştırın. Bu karışımı kek hamurunun içine dökün ve pürüzsüz hale gelinceye kadar çırpın.
f) Yağlanmış fırın tepsisine bu hamuru dökün ve 25-30 dakika pişirin. Pastaya dokunduğunuzda geri sıçrayacaktır. Islatma sıvısını hazırlarken 10 dakika soğutun.

g) Krema, hindistancevizi sütü ve yoğunlaştırılmış sütü iyice birleşene kadar çırpın.

ğ) Bir çubuk veya şiş kullanarak pastanın içine yaklaşık 1/2 "-1" aralıklarla delikler açın. Islatma sıvısının tamamını kekin üzerine dökün. Çok fazla gibi görünecek, ancak birkaç saniye bekleyin ve hepsi süngerin içine çekilecektir.

h) En az bir saat veya gece boyunca buzdolabında bekletin.

BEZE YAPIN.

ı) Yumurta aklarını, tartar kremasını ve şekeri sert zirvelere kadar çırpın. Pastanın üstünü yayın ve 350F fırında 10 dakika veya altın kahverengi olana kadar pişirin.

9.Ube ve Hindistan Cevizli Kremalı Pasta

İÇİNDEKİLER:

KABUK İÇİN:
- 7 ons çikolatalı gofret kurabiye kırıntısı, ince öğütülmüş
- 4 yemek kaşığı tuzsuz tereyağı, eritilmiş

DOLDURMAK İÇİN:
- 13 1/2 ons tam yağlı hindistan cevizi sütü olabilir
- 1 1/2 bardak tam yağlı süt, bölünmüş
- 12 ons ube halaya
- 1/3 su bardağı toz şeker
- 1/2 çay kaşığı koşer tuzu
- 1/8 çay kaşığı öğütülmüş tarçın
- 5 yumurta sarısı
- 1/3 su bardağı mısır nişastası
- 1 çay kaşığı vanilya özü
- 1 çay kaşığı ube özü
- üzeri için krem şanti

TALİMATLAR:

a) Fırını 350 derece F'ye önceden ısıtın.

b) Gofret kurabiyelerini mutfak robotunda incecik öğütün. Eritilmiş tereyağını gezdirin ve eşit şekilde nemlendirilinceye kadar nabız atın. Hafifçe tereyağlanmış 9 inçlik bir pasta tepsisine dökün. Yanlara ve alta sıkıca bastırın.

c) Sadece ayarlamak için 8 dakika pişirin. Tamamen soğumaya bırakın.

ç) Doldurmak için hindistancevizi sütünü, 1 1/4 bardak tam yağlı sütü, ube halayayı, şekeri, tuzu ve tarçını orta ateşte ayarlanmış ağır bir tencerede birleştirin. Şeker eriyene kadar ara sıra karıştırarak kaynamaya bırakın.

d) Kalan 1/4 su bardağı sütü orta boy bir kapta yumurta sarısı ile çırpın. Mısır nişastasını pürüzsüz hale gelinceye ve topak kalmayıncaya kadar çırpın.

e) Yavaşça 1/4 fincan kadar sıcak süt karışımını kuvvetlice çırparak gezdirin. Süt karışımının yaklaşık 1/3'ü eklenene ve yumurta sarısı karışımı dokunulabilecek kadar sıcak olana kadar, her seferinde 1/4 bardak sıcak sütle çırpmaya devam edin.

f) Kalan süt karışımını tencereye dökün ve orta ateşe getirin.
g) Muhallebinin dibinin yanmaması için sık sık karıştırarak kaynatın ve köpürmeye başlayınca 2 dakika daha pişirmeye devam edin.
ğ) Ateşten alın ve vanilya ve küp özlerini ekleyerek çırpın.
h) Muhallebiyi soğutulmuş kabuğun içine dökün ve eşit bir tabaka halinde yayın. Oda sıcaklığına soğumaya bırakın, ardından üzerini örtün ve tamamen sertleşene kadar en az 3 saat veya gece boyunca buzdolabında saklayın.
ı) Servis yapmadan hemen önce üzerine taze çırpılmış krema ekleyin. İsteğe göre mevsim serpintileri ile süsleyin.

10.Ube Yastık Tereyağı

İÇİNDEKİLER:
- 1 su bardağı tuzsuz tereyağı, yumuşatılmış
- 1/2 su bardağı pudra şekeri
- 1/4 bardak ube halaya

TALİMATLAR:
a) Bir karıştırma kabında yumuşatılmış tereyağını krema kıvamına gelinceye kadar çırpın.
b) Yavaş yavaş pudra şekerini ekleyin ve iyice birleşip kabarıncaya kadar çırpın.
c) Ube halayayı ekleyin ve tamamen karışıp karışım pürüzsüz hale gelinceye kadar çırpmaya devam edin.
ç) Küp yastık tereyağını hava geçirmez bir kaba aktarın ve kullanıma hazır olana kadar buzdolabında saklayın.

11. Ube Panna Cotta

İÇİNDEKİLER:
- 2 çay kaşığı toz jelatin
- 3 yemek kaşığı soğuk su
- 1 1/4 Fincan ağır hindistan cevizi kreması
- 1/2 su bardağı beyaz şeker
- 2 çay kaşığı ube özü
- 1/4 çay kaşığı tuz
- 2 su bardağı hindistan cevizi sütü
- 1/2 bardak kızarmış hindistan cevizi gevreği

TALİMATLAR:

a) Öncelikle tüm fincanlarınızı/ramekinlerinizi tezgahın üzerine koyun, böylece panna cotta karışımını dökmeye hazırsınız.

b) O zaman panna cotta'yı yap! 3 yemek kaşığı soğuk suyu sığ, geniş bir kaseye koyun ve jelatini suyun üzerine serpin, böylece tozun tamamı bir miktar sıvı/sulanabilir. Çiçeklenmesi / nemlenmesi için 5-10 dakika ocaktan uzakta tezgahın üzerinde bekletin.

c) Ayrı olarak, hindistancevizi kremanızı ve şekerinizi küçük-orta boy bir tencerede orta-düşük ateşte ısıtmaya başlayın; karışımın kaynamaması veya yanmaması için sürekli karıştırın. Tavaya bağlı bir şeker termometresi kullanarak karışımı 170° F'a ulaşana kadar ısıtın, ardından ısıyı kapatın, termometreyi çıkarın ve kabarmış jelatin, tuz ve küp ekstraktını tamamen birleşene kadar karıştırın.

ç) Son olarak hindistancevizi sütünü ekleyin ve pürüzsüz hale gelinceye kadar karıştırın. Topaklanma konusunda endişeleniyorsanız sıvıyı bir süzgeçten süzün. Daha sonra karışımı altı kabınıza eşit şekilde dökün.

d) Altı fincanı/kaseyi dikkatli bir şekilde buzdolabına yerleştirin ve en az 8 saat veya sadece bir gece soğumaya bırakın.

e) Panna cotta sertleştikten sonra hâlâ biraz titrek olmalı ama ters çevrildiğinde fincanların içinde kalmalıdır.

f) Son olarak, panna cotta'larınızın her birinin üzerine yaklaşık bir çorba kaşığı kızarmış hindistan cevizi gevreği ekleyin! Hindistan cevizi pullarını kızartmak için, bunları düz tabanlı bir tavada sürekli karıştırarak altın rengi kahverengi olana kadar ısıtın, ardından hemen ocaktan alın ve pulları kağıt havluların üzerine dökerek soğumaya bırakın.

g) Panna cotta'nızı hindistan ceviziyle süsledikten sonra servis yapın!

ğ) Servis yapana kadar buzdolabında saklayın.

12. Dondurulmuş Ube Halaya

İÇİNDEKİLER:
- 2 su bardağı pişmiş ve püre haline getirilmiş mor yam (ube)
- 1 kutu (14 ons) yoğunlaştırılmış süt
- 1 kutu (12 ons) buharlaştırılmış süt
- 1/2 su bardağı şeker
- 1/4 bardak tereyağı

TALİMATLAR:
a) Büyük yapışmaz bir tavada ezilmiş mor tatlı patates püresini, yoğunlaştırılmış sütü, buharlaştırılmış sütü ve şekeri birleştirin.
b) Karışımı orta ateşte sürekli karıştırarak koyulaşıncaya ve tavanın kenarlarından çekilinceye kadar pişirin.
c) Tereyağını ekleyin ve karışım çok kalın ve neredeyse kuru hale gelinceye kadar sürekli karıştırarak pişirmeye devam edin.
ç) Karışımı parşömen kağıdıyla kaplı dikdörtgen bir tabağa aktarın. Üstünü spatulayla düzeltin.
d) Halayanın tamamen soğumasını bekleyin, ardından plastik ambalajla örtün ve en az 4 saat veya sertleşinceye kadar dondurun.
e) Dondurulduktan sonra dilimler halinde kesin ve tadını çıkarın!

13. Ube Dondurma

İÇİNDEKİLER:
- 2 bardak ağır krem şanti %36 yağlı veya daha yüksek
- 3/4 su bardağı şekerli yoğunlaştırılmış süt
- 2 çay kaşığı ube tatlandırıcı özü
- 1 yemek kaşığı ube tozu
- 1/2 çay kaşığı vanilya özü

TALİMATLAR:

a) Büyük bir karıştırma kabına 2 bardak soğuk ağır krem şantiyi dökün ve elektrikli el mikseri kullanarak yüksek hızda çırpın. Sert zirveler oluşana kadar çırpın.

b) Şimdi çırpılmış kremaya 3/4 bardak şekerli yoğunlaştırılmış süt ekleyin ve yüksek hızda yaklaşık 1-2 dakika tekrar çırpın.

c) Daha sonra 2 çay kaşığı ube aroma özü, 1 çorba kaşığı ube tozu ve 1/2 çay kaşığı vanilya özü ekleyin.

ç) Her şeyi iyice karıştırın ve bir somun tavasına aktarın. Servis yapmadan önce altı gecikmeli sargıyla örtün ve yaklaşık 5 saat dondurun.

14.Ube Tartları

İÇİNDEKİLER:
- 36 adet dondurulmuş 2 inçlik mini tart kabuğu, çözülmüş
- 1 8 onsluk blok krem peynir oda sıcaklığı
- 5 ons ube reçeli oda sıcaklığında
- ½ su bardağı şekerli yoğunlaştırılmış süt
- 2½ çay kaşığı ube özü
- tutam tuz

TALİMATLAR:
a) Fırını 375F'ye önceden ısıtın. Tart kabuklarını bir fırın tepsisine yerleştirin ve 10 dakika veya açık altın kahverengiye dönene kadar pişirin.
b) Kalıplarından dikkatlice çıkarıp soğumaya bırakın. Fırın sıcaklığını 350F'ye düşürün.
c) El tipi bir elektrikli karıştırıcı kullanarak veya kürek aparatı takılı bir stand mikseri kullanarak büyük bir kapta, krem peynir ve küp reçeli pürüzsüz ve birleşene kadar çırpın.
ç) Ube karışımına ube özütünü, yoğunlaştırılmış sütü ve tuzu ekleyin ve iyice karışıncaya kadar çırpmaya devam edin.
d) Tart kabuklarını küp dolguyla doldurun.
e) 10 dakika kadar veya dolgu hazır olana ve kabuk altın kahverengi olana kadar pişirin.
f) Fırından çıkarın, hafifçe soğutun ve servis yapın. Servis etmeden önce tartları soğutmayı da tercih edebilirsiniz. Eğlence!

15. Ube Dolgulu Pandesal

İÇİNDEKİLER:
HAMUR İÇİN:
- 4 su bardağı çok amaçlı un
- 1/2 su bardağı şeker
- 2 1/4 çay kaşığı anlık maya
- 1/2 su bardağı su
- 1/2 bardak buharlaştırılmış süt
- 2 büyük yumurta
- 1/4 bardak tuzsuz tereyağı, yumuşatılmış

UBE DOLGUSU İÇİN:
- 1 su bardağı püresi mor yam (ube)
- 1/2 su bardağı şekerli yoğunlaştırılmış süt

TALİMATLAR:
a) Bir kapta un, şeker ve hazır mayayı birleştirin.
b) Kuru malzemelere su, buharlaştırılmış süt ve yumurta ekleyin. Bir hamur oluşana kadar karıştırın.
c) Yumuşatılmış tereyağını ekleyin ve hamur pürüzsüz ve elastik hale gelinceye kadar yoğurun.
ç) Hamurun üzerini örtüp ılık bir ortamda hacmi iki katına çıkana kadar yaklaşık 1-2 saat mayalandırın.
d) Bu arada, ezilmiş mor tatlı patates püresini ve şekerli yoğunlaştırılmış sütü iyice birleşene kadar karıştırarak küp dolgusunu hazırlayın.
e) Hamuru yumruklayın ve porsiyonlara bölün.
f) Hamurun her parçasını düzleştirin ve ortasına küp dolgudan bir kaşık koyun.
g) Hamurun kenarlarını birbirine sıkıştırarak dolguyu kapatın, ardından top haline getirin.
ğ) Doldurulmuş hamur toplarını ekmek kırıntılarında yuvarlayın.
h) Kaplanmış hamur toplarını parşömen kağıdıyla kaplı bir fırın tepsisine yerleştirin.
ı) Şekillendirilen hamurun, yaklaşık 30 dakika kadar kabarıncaya kadar tekrar yükselmesine izin verin.
i) Fırınınızı önceden 350°F (175°C) ısıtın.
j) Önceden ısıtılmış fırında 15-20 dakika veya altın rengi kahverengi olana kadar pişirin.
k) Fırından çıkarın ve servis yapmadan önce biraz soğumasını bekleyin.

16. Ube Turta

İÇİNDEKİLER:

- 10 yumurta sarısı
- 14 ons yoğunlaştırılmış süt olabilir
- 12 ons buharlaştırılmış süt olabilir
- 1 yemek kaşığı ube ekstraktı
- 3/4 su bardağı toz şeker
- 2 yemek kaşığı su

TALİMATLAR:

a) Fırını 350F'ye önceden ısıtın
b) Küçük bir tencerede şekeri ve suyu orta ateşte şekerin tamamı eriyene kadar kaynatın.
c) Daha sonra ateşi kısın ve şekeri altın karamel rengi elde edene kadar pişirmeye devam edin.
ç) Karameli 6 ramekine paylaştırın ve soğumaya bırakın.
d) Büyük bir kapta yumurta sarılarını yoğunlaştırılmış süt ve ube ekstraktı ile yavaşça çırpın.
e) Daha sonra buharlaştırılmış sütü döküm ve birleştirmek için hafifçe karıştırın.
f) Yumurta ve süt karışımını ince gözenekli bir süzgeçten geçirin ve her bir ramekini ancak üstüne kadar bununla doldurun.
g) Fırın tepsisinin tabanını kurulama beziyle hizalayın ve her ramekini üstüne yerleştirin.
ğ) Daha sonra fırın tepsisini ramekinlerin yarısına kadar kaynar suyla doldurun.
h) Tepsiyi fırına verip 45-55 dakika pişirin.

17.Ube Pirinç Sütlü Panna Cotta

İÇİNDEKİLER:

- 1 küp, soyulmuş
- 1 ½ bardak tam yağlı süt, bölünmüş
- 1 su bardağı pirinç sütü
- ½ su bardağı beyaz şeker
- 1/4 onsluk paket aromasız jelatin

TALİMATLAR:

a) Buharlı pişiriciyi bir tencereye yerleştirin ve buharlı pişiricinin tabanının hemen altına kadar suyla doldurun.

b) Suyu kaynatın. Ube ekleyin, örtün ve yumuşayana kadar yaklaşık 20 dakika buharlayın. Kolayca işlenene kadar soğutun.

c) Bir blender veya mutfak robotunda püre haline getirin veya elle iyice ezin.

ç) 1 su bardağı püre haline getirilmiş küp, 3/4 su bardağı süt, pirinç sütü ve şekeri bir blender veya mutfak robotunda birleştirin; tamamen pürüzsüz olana kadar karıştırın.

d) Kalan 3/4 bardak tam yağlı sütü bir tencereye dökün. Üzerine jelatin serpin. 5 dakika bekletin.

e) Süt-jelatin karışımını orta-düşük ateşte ısıtın, jelatin eriyene kadar 3 ila 5 dakika karıştırın. Ube karışımını dökün ve ısıyı orta seviyeye yükseltin. Karışımdan buhar çıkmaya başlayıncaya kadar ara sıra karıştırarak 3 ila 5 dakika ısıtın.

f) Karışımı tek kişilik servis bardaklarına veya kalıplara dökün. Buzdolabına aktarın ve sertleşene kadar yaklaşık 3 saat soğutun.

18.Haupia ve Ube Pastası

İÇİNDEKİLER:
KABUK:
- 1 ½ su bardağı çok amaçlı un
- ⅓ su bardağı beyaz şeker
- ¾ fincan tereyağı, küp şeklinde

UBE KATMAN:
- ½ bardak tereyağı, yumuşatılmış
- ½ su bardağı beyaz şeker
- 2 yumurta
- 3 su bardağı pişmiş ve püre haline getirilmiş ube
- ½ bardak süt
- 1 çay kaşığı vanilya özü

HAUPIA KATMAN:
- 1 ¼ su bardağı soğuk su
- ½ su bardağı beyaz şeker
- ½ bardak mısır nişastası
- İki adet 14 onsluk kutu hindistan cevizi sütü
- 2 su bardağı kıyılmış hindistan cevizi

TALİMATLAR:
a) Fırını önceden 350 derece F'ye ısıtın. 9x13 inçlik bir fırın tepsisini yağlayın.
b) Unu ve 1/3 su bardağı beyaz şekeri geniş bir kapta karıştırın. Karışım kumlu olana kadar tereyağını parmaklarınızla ovalayın. Yağlanmış fırın tepsisine bastırın.
c) Kabuğu önceden ısıtılmış fırında kenarları altın rengi kahverengi olana kadar yaklaşık 10 dakika pişirin.
ç) 1/2 su bardağı tereyağını ve 1/2 su bardağı beyaz şekeri bir kapta elektrikli mikserle krema kıvamına gelinceye kadar çırpın. Yumurtaları birer birer çırpın. Püreyi, sütü ve vanilya özünü ekleyerek hamur gözleme hamuru kıvamına gelinceye kadar karıştırın. Kabuğun üzerine dökün.
d) Önceden ısıtılmış fırında ube tabakası sertleşene kadar yaklaşık 30 dakika pişirin.
e) Suyu, 1/2 su bardağı beyaz şekeri ve mısır nişastasını küçük bir kasede pürüzsüz hale gelinceye kadar çırpın.

f) Hindistan cevizi sütünü 5 litrelik bir tencereye dökün.
g) Kısık ateşte yaklaşık 5 dakika kadar kaynatın. Hindistan cevizi sütü koyulaşana kadar 3 ila 5 dakika sürekli karıştırarak su karışımını dökün. Kıyılmış hindistan cevizini karıştırın; Karışım kalınlaşana kadar yaklaşık 5 dakika daha pişirin ve karıştırın.
ğ) Hindistan cevizi karışımını ube tabakasının üzerine dökün. Sertleşinceye kadar buzdolabında, 4 saatten geceye kadar.

19. Hindistan Cevizli Kurabiye Kabaklı Ube Cheesecake

İÇİNDEKİLER:
HİNDİSTAN CEVİZLİ KURABİYE KABUK
- 1 ½ bardak graham kraker kırıntısı
- ½ bardak şekerli kıyılmış hindistan cevizi
- 6 yemek kaşığı tuzsuz tereyağı eritilmiş ve hafifçe soğutulmuş
- tutam tuz

UBE PEYNİRLİ KEK DOLGUSU
- 2 8 onsluk blok krem peynir oda sıcaklığı
- ½ su bardağı toz şeker daha fazlasına ihtiyaç duyabilir
- 5 ons ube reçeli oda sıcaklığı
- ¾ bardak ekşi krema oda sıcaklığında
- 1 çay kaşığı vanilya özü
- 3 çay kaşığı ube özü
- 3 adet büyük yumurta oda sıcaklığında

Hindistan Cevizli Krem Şanti
- 14 onsluk hindistan cevizi kreması soğutulmuş olabilir
- 2 yemek kaşığı toz şeker
- 1 çay kaşığı vanilya özü

TALİMATLAR:
a) Fırını 325F'ye önceden ısıtın. 9 inçlik yaylı tavanın altını parşömen kağıdıyla hizalayın ve bir kenara koyun.

b) Orta boy bir kapta, tüm kabuk malzemelerini birleştirin ve eşit şekilde nemlenene kadar karıştırın.

c) Hazırladığınız tavaya aktarın ve bir kaşığın veya ölçü kabının arkasını kullanarak dibine kadar sıkıca sıkıştırın. Bir kenara koyun.

ç) El tipi bir elektrikli karıştırıcı veya kürek aparatı takılı bir stand mikseri kullanarak, krem peyniri orta / yüksek hızda kabarık olana kadar 2-3 dakika çırpın.

d) Yarım su bardağı şekeri ekleyip 2 dakika daha çırpmaya devam edin.

e) 5 ons ube reçeli ve ¾ bardak ekşi krema ekleyin. Pürüzsüz ve birleşene kadar çırpın. Ube reçelinin herhangi bir parçasını parçaladığınızdan emin olun.

f) 1 çay kaşığı vanilya özü ve 3 çay kaşığı kübe özü ekleyin ve birleşene kadar karıştırın. Hamurunuzu tadın ve tatlılığın sizin için uygun olup olmadığına karar verin. Gerekirse bir seferde 1 yemek kaşığı şeker ekleyin.

g) Yumurtaları birer birer ekleyin ve her birini birleşene kadar çırpın. Hamurun her santimetresine ulaştığınızdan emin olmak için kasenizin altını ve yanlarını kazımayı unutmayın.

ğ) Hamuru tavanıza dökün ve tezgahınıza hafifçe vurun. Tavayı fırınınızın orta rafına yerleştirin. Alt rafa sıcak su dolu bir kızartma tavası yerleştirin.

h) 325F'de 30 dakika pişirin, ardından fırın sıcaklığını 300F'ye düşürün ve 30 dakika daha veya sertleşene kadar pişirin.

ı) Fırını kapatın, kapağını hafifçe açın ancak cheesecake'i yavaş yavaş soğuması için bir saat daha içeride bırakın.

i) Cheesecake'i fırından çıkarın, ince ve keskin bir bıçağı kenarlarından gezdirerek keki kalıptan ayırın. Ancak pastayı tavadan çıkarmayın. Tercihen bir gece, 6-8 saat soğutmak için doğrudan buzdolabına koyabilirsiniz.

j) Servis yapmaya hazır olduğunuzda, soğutulmuş konserveyi buzdolabından çıkarıp katı kısımlarını küçük bir kaseye alarak Hindistan cevizli krem şantinizi hazırlayın.

k) 2 yemek kaşığı şeker, 1 çay kaşığı vanilya özü ekleyin ve sertleşene kadar çırpın.

l) Cheesecake'i servis etmek için üzerine bir parça hindistancevizi kreması ekleyin ve üzerine kıyılmış hindistan cevizi serpin.

20.Ube Macapuno Salatası

İÇİNDEKİLER:
- 1 kutu (12 oz) şekerli yoğunlaştırılmış süt
- 1 su bardağı çok amaçlı krema veya çırpılmış krema
- 1 bardak macapuno (korunmuş hindistan cevizi telleri)
- 1 bardak kaong (şeker palmiyesi meyvesi), süzülmüş
- 1 bardak nata de coco (hindistancevizi jeli), süzülmüş
- 1 su bardağı mini marshmallow (isteğe bağlı)
- Ube aromalı jelatin (isteğe bağlı), küp şeklinde

TALİMATLAR:
a) Bir kapta, şekerli yoğunlaştırılmış sütü ve çok amaçlı kremayı veya çırpılmış kremayı birleştirin. İyice birleşene kadar karıştırın.
b) Süt-krema karışımına macapuno, kaong ve nata de coco'yu ekleyin. İyice karıştırın.
c) İstenirse mini marshmallow ve küp küp aromalı jelatin ekleyin ve yavaşça salataya katlayın.
ç) Servis yapmadan önce ube macapuno salatasını en az 1 saat buzdolabında soğutun.
d) Eşsiz ve lezzetli bir tatlı olarak soğutulmuş olarak servis yapın.

21.Ube Muhallebi Tart

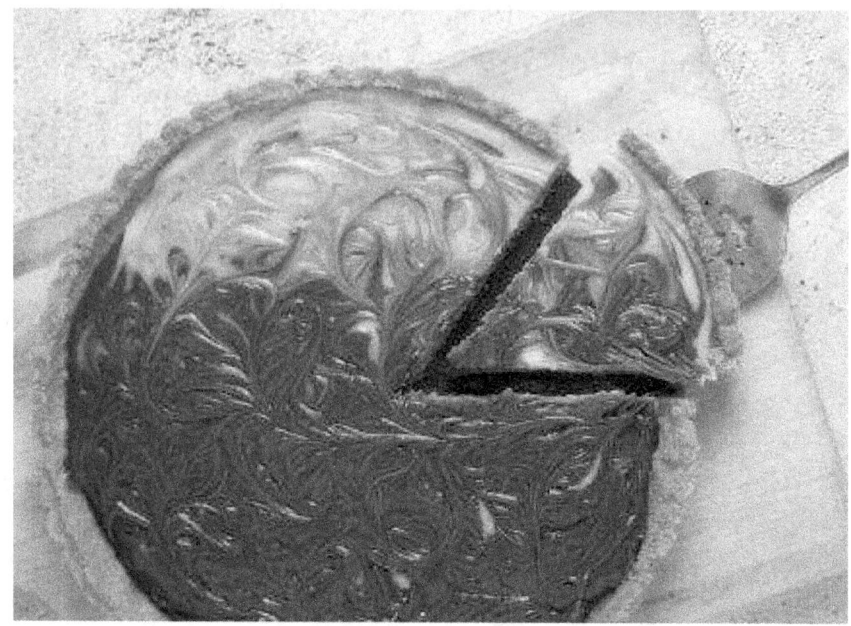

İÇİNDEKİLER:
GRAHAM KABUK İÇİN
- 1 ve 2/3 bardak Graham Kırıntıları
- 2 yemek kaşığı şeker
- 6 yemek kaşığı eritilmiş tuzsuz tereyağı

UBE Muhallebi DOLGUSU İÇİN
- 1/8 su bardağı şeker
- 1/4 bardak mısır nişastası
- 1 su bardağı ekşi krema
- 1 ve 1/2 su bardağı yoğunlaştırılmış süt
- 3 yumurta sarısı
- 2 çay kaşığı ube aroması

TALİMATLAR:
GRAHAM KABUK YAPIN

a) Fırını önceden 350 F'ye ısıtın. Bir karıştırma kabında şekeri ve graham kırıntılarını birleştirin. İyice karıştırın. Eritilmiş tereyağını dökün ve erimiş tereyağını dağıtmak için karışımı karıştırın. Karışım biraz nemli olacak.

b) Karışımı, çıkarılabilir tabanı olan 11 inçlik tart kalıbının ortasına aktarın. Karışımı tavanın tabanını kaplayacak şekilde her yerine yayın. Yuvarlak bir bardağın veya ölçüm kabının tabanını kullanarak graham karışımını tavaya bastırın, yanlara doğru ilerleyin ve sıkıca bastırın. Karışımın sıkıca bastırılması gerekir, böylece tart kalıbının yüzeyine ve yanlarına sıkı bir şekilde paketlenirler. Kabuğu 350 F'de on dakika veya kabuk sertleşene kadar pişirin.

DOLGUYU YAPIN

c) Orta boy bir tencerede şekeri ve mısır nişastasını birleştirin. Yoğunlaştırılmış süt ve ekşi kremayı ekleyin ve karışım pürüzsüz hale gelinceye kadar her şeyi karıştırın. Tavayı orta ateşte ayarlayın. Karışımı, neredeyse sürülebilir bir kıvamda koyulaşana kadar sürekli karıştırarak pişirin. Isıyı kapatın.

ç) Küçük bir kapta yumurta sarılarını hafifçe çırpın. Sarılara yaklaşık 1 bardak sıcak karışım ekleyin ve hemen karıştırın. Bu karışımı tekrar tavaya alın. Karışımı tekrar orta ateşte bu kez yaklaşık 5 dakika kadar, sürekli karıştırarak koyulaşana kadar pişirin. Karışım kaşıktan düştüğünde topaklar halinde geri düşmelidir. Isıyı kapatın ve karışımın hafifçe soğumasını bekleyin.

d) Kremayı iki eşit parçaya bölün. Bir porsiyona 2 çay kaşığı küp ekstresini renk tekdüze oluncaya kadar karıştırın. Tart hamurunun bir tarafına sade muhallebiyi, diğer yarısına da küp muhallebiyi dökün.

e) Alternatif olarak, ebru efekti yaratmak için muhallebileri dönüşümlü olarak kabuğa ekleyebilirsiniz. Bu girdap efekti için karışımı döndürmek için iki adet temiz kürdan kullanın.

f) Servis yapmadan önce tartı en az iki saat buzdolabında soğumaya bırakın.

22. Malasadas Ube

İÇİNDEKİLER:

- 1 ons maya
- 11/2 pound çok amaçlı un
- 2 ons ube patates unu
- 31/2 ons toz şeker
- ¾ çay kaşığı tuz
- 2 ons tuzsuz tereyağı
- 1 su bardağı buharlaştırılmış süt
- 6 yumurta
- ½ yemek kaşığı vanilya ezmesi
- 2 yemek kaşığı ube konsantresi

TALİMATLAR:

a) Mayayı şeker ve suyla karıştırıp beş dakika kabarmasını bekleyin.
b) Bir kürek aparatı kullanarak, tüm ıslak malzemeleri ekleyin ve kuru karışıma ekleyin.
c) Hamur pürüzsüz hale geldiğinde ve topaklardan arındırıldığında, bir gece boyunca dinlenmesi için bir kapta saklayın.
ç) Hazır olduğunuzda hafifçe söndürün.
d) Bir dondurma kepçesi kullanarak, hamurdan kepçeleri dikkatlice 365 derece F'deki sıcak kızartma yağına bırakın.
e) Malasadalar fritözden çıktığında şekeri yuvarlayın.

23.Ube Macapuno Yapışkan Pirinç Keki

İÇİNDEKİLER:

- 2 su bardağı yapışkan pirinç unu
- 1 kutu yoğunlaştırılmış süt
- 1 kutu buharlaştırılmış süt
- 400 ml hindistan cevizi sütü
- 4 büyük yumurta
- 340g macapuno
- 5 yemek kaşığı eritilmiş tereyağı
- 1 yemek kaşığı ube aroması
- fırçalamak için ekstra tereyağı

TALİMATLAR:

a) Büyük bir kapta yumurtaları, yoğunlaştırılmış sütü ve eritilmiş tereyağını birleştirin. Birleştirmek için karıştırın.
b) Buharlaştırılmış süt, hindistan cevizi sütü ve ube aromasını ekleyin. Birleştirilene kadar iyice karıştırın.
c) Macapunoyu ekleyin. Birleştirmek için karıştırmanız yeterli.
ç) Daha sonra yapışkan pirinç ununu ekleyin. İyice birleşene kadar karıştırın.
d) Hiçbir topak görünmeyene kadar çırpın.
e) Karışımı 8 x 8 inçlik bir pişirme kabına dökün.
f) Önceden ısıtılmış fırında 180°C'de 30-40 dakika pişirin.
g) Fırından çıkarın.
ğ) Üst kısmını eritilmiş tereyağıyla yağlayın.
h) Tekrar 170 derecede 20 dakika pişirin.

24. Ube Muhallebi Mamon

İÇİNDEKİLER:
MUHALLEBİ
- 2 çay kaşığı şeker
- 4 adet büyük yumurta
- 1 su bardağı yoğunlaştırılmış süt
- ¾ bardak buharlaştırılmış süt
- 1 çay kaşığı vanilya özü

UBE MAMON
- 4 yumurta sarısı
- ¼ bardak bitkisel yağ
- ¾ bardak süt
- 1 buçuk su bardağı kek unu
- 2 çay kaşığı kabartma tozu
- ¼ çay kaşığı tuz
- ½ su bardağı beyaz şeker
- 1 yemek kaşığı ube aroması
- 4 yumurta akı
- ½ çay kaşığı tartar kreması
- ¼ bardak beyaz şeker

TALİMATLAR:
a) Mamon kalıbına 2 çay kaşığı şeker koyun. Şeker kısık ateşte karamelize edilir. Daha sonra bir kenara koyun.
b) Muhallebi için: Bir kasede yumurtaları, yoğunlaştırılmış sütü, buharlaştırılmış sütü ve vanilya özünü birleştirin. İyice birleşene kadar karıştırın. Karışımı 3 kez süzün.
c) Her kalıplayıcıya yaklaşık 1/4 bardak muhallebi karışımını doldurun. Bir kenara koyun.
ç) Mamon için: Bir kasede kek ununu, kabartma tozunu ve tuzu birlikte eleyin. İyice karıştırın. Bir kenara koyun. Başka bir kapta yumurta sarılarını ve şekeri birleştirin. Rengi açılana kadar çırpın. Yağ, süt ve ube aromasını ekleyin. Kombine edilene kadar karıştırın. Islak ve kuru karışımları birleştirin. İyice birleşene kadar karıştırın. Fazla karıştırmayın!
d) Yumurta aklarını köpürene kadar çırpın. Tartar kremasını ekleyin. Yavaş yavaş şekeri ekleyin. Sertleşinceye kadar yüksek hızda çırpın. Beze hamurun içine katlayın. Her kalıba yaklaşık 2/3 bardak hamur doldurun. Baloncukları kaldırmak için dokunun.
e) Kaynar suyu tavaya dökün. Muhallebi kıvamına gelecek kadar. Önceden ısıtılmış 160 C fırında benmari usulü yaklaşık 40 dakika veya ortasına batırılan kürdan temizlenene kadar pişirin. Soğuması için bir kenara koyun. Muhallebi hazır oluncaya kadar birkaç saat buzdolabına koyun. Soğutulmuş hizmet.

25.Ube ve Kahveli Browni

İÇİNDEKİLER:

- 1/3 fincan taze demlenmiş sıcak kahve
- 1 ons şekersiz çikolata, doğranmış
- ¼ bardak kanola yağı
- ⅔ bardak ube püresi
- 2 çay kaşığı saf vanilya özü

TALİMATLAR:

a) Fırını önceden 350 Fahrenheit dereceye ısıtın.
b) Bir kasede kahveyi ve 1 onsluk çikolatayı birleştirin ve 1 dakika bekletin.
c) Bir karıştırma kabında yağı, ube püresini, vanilya özütünü, şekeri, kakao tozunu ve tuzu birleştirin. Her şey iyice karışana kadar karıştırın.
ç) Unu ve kabartma tozunu ayrı bir kapta birleştirin. Çikolata parçacıklarını ekleyin ve iyice karıştırın.
d) Bir spatula kullanarak, tüm malzemeler birleşene kadar kuru malzemeleri ıslak olanlara yavaşça karıştırın.
e) Hamuru pişirme kabına dökün ve 30-35 dakika veya ortasına batırdığınız kürdan temiz çıkana kadar pişirin.
f) Tamamen soğumaya bırakın.

26.Ube Krep

İÇİNDEKİLER:

- 2 fincan çok amaçlı un
- 1 su bardağı pirinç unu
- ½ bardak Ube
- 2 çay kaşığı Kaba tuz
- 3 Yumurta beyazı
- 2 bardak Su
- 2 bardak konserve şekersiz hindistan cevizi sütü
- 1 orta boy Kırmızı veya yeşil yapraklı marul başı
- Sebze Doldurma
- Fıstık sosu

TALİMATLAR:

a) Kuru malzemeleri bir kapta karıştırıp ortasını havuz gibi açın.
b) Yumurta aklarını, suyu ve hindistancevizi sütünü azar azar ekleyin ve bir çırpma teli ile kuru malzemelerle birleştirin.
c) Hamurun yoğun krema kıvamında olması gerekiyor. Çok kalınsa su ile gevşetin.
ç) En az 1 saat buzdolabında dinlendirin.
d) Orta-düşük ateşte 8 inçlik yapışmaz tavayı ısıtın. Bu arada hamuru buzdolabından çıkarın ve topakları gidermek için çırpın veya gerekirse inceltmek için su ekleyin.
e) Tavaya yaklaşık 1½ ons meyilli ekleyin. Tavayı, hamur tüm yüzeyi kaplayacak şekilde çevirin. Lumpia kuru göründüğünde, kahverengi olmamasına dikkat ederek plastik bir spatula yardımıyla çevirin.
f) Tavadan çıkarın ve bir kenara koyun.
g) Krepleri düz tarafı yukarı bakacak şekilde bir tabağa yerleştirin. Üst üste binen 2 marul yaprağını, bir tarafın kenarına kadar uzanacak şekilde düzenleyin.
ğ) Marulun üzerine ¼ su bardağı ılık sebze dolgusunu koyun ve yuvarlayın. Lumpia'yı dikiş tarafı aşağı bakacak şekilde tabağa yerleştirin.
h) Fıstık sosunu üzerine gezdirin. Derhal servis yapın.

27. Toz Ube Halaya

İÇİNDEKİLER:
- 2 su bardağı pişmiş ve püre haline getirilmiş mor yam (ube)
- 1 kutu (14 ons) yoğunlaştırılmış süt
- 1 kutu (12 ons) buharlaştırılmış süt
- 1/2 su bardağı şeker
- 1/4 bardak tereyağı

TALİMATLAR:
a) Büyük yapışmaz bir tavada ezilmiş mor tatlı patates püresini, yoğunlaştırılmış sütü, buharlaştırılmış sütü ve şekeri birleştirin.
b) Karışımı orta ateşte sürekli karıştırarak koyulaşıncaya ve tavanın kenarlarından çekilinceye kadar pişirin.
c) Tereyağını ekleyin ve karışım çok kalın ve neredeyse kuru hale gelinceye kadar sürekli karıştırarak pişirmeye devam edin.
ç) Kurutucu tepsisini parşömen kağıdıyla hizalayın.
d) Pişen ube halaya karışımını astarlı tepsiye aktarın ve ince bir tabaka oluşturacak şekilde eşit şekilde yayalım.
e) Kurutucunuzu meyve veya sebzeler için uygun sıcaklığa, genellikle 135°F (57°C) civarına ayarlayın.
f) Ube halayayı 12-24 saat boyunca veya tamamen kuru ve kırılgan hale gelinceye kadar kurutun. Kurutucunuza ve katmanın kalınlığına göre süre değişebilir.
g) Ube halaya tamamen kurutulduktan sonra kurutucudan çıkarın ve tamamen soğumasını bekleyin.
ğ) Kurutulmuş ube halayayı daha küçük parçalara ayırın ve bir blender veya mutfak robotuna aktarın.
h) Parçaları ince bir toz haline gelinceye kadar itin. Blenderinizin veya mutfak robotunuzun boyutuna bağlı olarak bunu gruplar halinde yapmanız gerekebilir.

28.Ube Sütlü Ekmek

İÇİNDEKİLER:
BAŞLANGIÇ:
- ⅓ bardak çok amaçlı un veya ekmeklik un
- ½ bardak tam yağlı süt
- ½ bardak su

HAMUR:
- 2 ½ su bardağı ekmek unu
- ¼ su bardağı toz şeker
- 2 ¼ çay kaşığı kuru aktif maya
- 1 Yemek kaşığı süt tozu
- 1 çay kaşığı koşer tuzu
- 1 büyük yumurta, çırpılmış
- ½ bardak tam yağlı süt
- ¼ bardak tuzsuz tereyağı, yumuşatılmış

UBE HAMUR:
- 2 su bardağı ekmek unu
- 4 onsluk paket ube tozu
- ⅓ su bardağı toz şeker
- 2 ¼ çay kaşığı kuru aktif maya
- 2 Yemek kaşığı süt tozu
- 1 çay kaşığı koşer tuzu
- 1 büyük yumurta, çırpılmış
- ½ su bardağı + 2 yemek kaşığı tam yağlı süt
- 1 ½ çay kaşığı küp özü
- ¼ bardak tuzsuz tereyağı, yumuşatılmış

TALİMATLAR:
BAŞLANGIÇ:
a) Orta boy bir tencerede un, süt ve suyu birlikte çırpın. Orta ateşte ayarlayın. Tencerenin alt kenarlarına dikkat ederek sık sık karıştırın. Karışım patates püresi kıvamına gelene kadar yaklaşık 5 dakika pişirin.

b) Ateşten alıp bir kaseye aktarın. Plastik ambalajla örtün ve ambalajın doğrudan başlangıç karışımının üzerine uzanmasına izin verin. oda sıcaklığına soğumaya bırakın.

HAMUR:
c) Stand mikserinin kasesinde ekmek unu, şeker, maya, süt tozu ve tuzu birlikte çırpın. Hamur kancasını miksere takın. Soğutulmuş başlangıç karışımının, yumurtanın ve sütün yarısını ekleyin. Düşük hızda 5 dakika yoğurun. İyice karışmasını sağlamak için kaseyi aşağıya doğru kaydırın.

ç) Yumuşatılmış tereyağını ekleyin ve tereyağı hamurla bütünleşene kadar 5 dakika düşük hızda yoğurmaya devam edin. Hızı orta seviyeye yükseltin ve hamur pürüzsüz hale gelip kasenin kenarlarından çekilinceye kadar 5 dakika daha yoğurun.

d) Hamuru hafifçe yağlanmış bir kaba aktarın. Plastik ambalajla örtün ve 1 saat veya hamurun hacmi iki katına çıkana kadar dinlendirin. Bu arada küp hamur yapın.

UBE HAMUR:
e) Stand mikserinin kasesinde ekmek ununu, toz şekeri, şekeri, maya, süt tozunu ve tuzu birlikte çırpın. Hamur kancasını miksere takın. ½ bardak soğutulmuş başlangıç karışımını, yumurtayı, sütü ve küp ekstraktını ekleyin. Düşük hızda 5 dakika yoğurun. İyice karışmasını sağlamak için kaseyi aşağıya doğru kaydırın.

f) Yumuşatılmış tereyağını ekleyin ve tereyağı hamurla bütünleşene kadar 5 dakika düşük hızda yoğurmaya devam edin. Hızı orta seviyeye yükseltin ve hamur pürüzsüz hale gelip kasenin kenarlarından çekilinceye kadar 5 dakika daha yoğurun.

g) Hamuru hafifçe yağlanmış bir kaba aktarın. Plastik ambalajla örtün ve 1 saat veya hamurun hacmi iki katına çıkana kadar dinlendirin.

TOPLANTI:
ğ) İki adet 9x4 veya 9x5 inçlik somun tavasını veya pullman somun tavasını yağlayın. İstenirse ekmeğin kolay çıkarılması için parşömen kağıdıyla kaplayın. Bir kenara koyun.

h) Önce krem renkli hamurla çalışın. Yükselen hamuru yumruklayın. Hafifçe unlanmış bir çalışma yüzeyine aktarın. Hamuru 8 eşit parçaya bölün.

ı) Her parçayı top haline getirin. Hamurun kurumasını veya kabuk oluşturmasını önlemek için çalışırken hamuru plastik ambalajla örtün.

i) Daha sonra ube hamuruyla çalışın. Yükselen hamuru yumruklayın. Hafifçe unlanmış bir çalışma yüzeyine aktarın. Hamuru 8 eşit parçaya bölün.
j) Her parçayı top haline getirin. Hamurun kurumasını veya kabuk oluşturmasını önlemek için çalışırken hamuru plastik ambalajla örtün.
k) Krem renkli bir hamur topu alın. Hamuru yaklaşık 8 inç uzunluğa ve 5 inç genişliğe kadar düzleştirin veya açın.
l) Yuvarlamayı tekrarlayın ve ardından hamuru kremalı hamurun üzerine yerleştirin.
m) Kısa uçtan başlayarak hamuru bir kütük haline getirin.
n) Kütük dikiş tarafı aşağı bakacak şekilde hazırlanan somun tavasına yerleştirin. Somun tavasında toplam dört kütük oluşana kadar işlemi tekrarlayın. Somun tepsisini plastik ambalajla örtün ve hamur hacmi iki katına çıkana kadar oda sıcaklığında 30-45 dakika dinlendirin. Bu arada fırını 350°F'ye önceden ısıtın.
o) Bu işlemi kalan hamur toplarıyla tekrarlayın. Pullman ekmek tavası için mermer hamurunun nasıl yapılacağına ilişkin talimatlar için notlara bakın.*
ö) Plastik ambalajı çıkarın. Hamurun üstünü ağır kremayla hafifçe fırçalayın. Ekmek somununun üst kısmı altın rengi kahverengi olana ve ekmeğin iç sıcaklığı en az 190°F olana kadar önceden ısıtılmış fırında 35-40 dakika pişirin. Eşit koklaşma için ekmeği pişirme işleminin ortasında döndürdüğünüzden emin olun.
p) Ekmeği tavada 5 dakika soğumaya bırakın. Ekmeği kalıptan çıkarın ve tel ızgara üzerinde oda sıcaklığına kadar soğumaya bırakın. Soğuduktan sonra ekmeği tırtıllı bir bıçakla dilimleyin.

29.Hindistan Cevizi Sırlı Ube Donuts

İÇİNDEKİLER:
DONUT İÇİN
- 1/4 su bardağı bitkisel yağ
- 1/2 bardak ayran
- 2 büyük yumurta
- 1/2 su bardağı şeker
- 1/2 çay kaşığı tuz
- 1 çay kaşığı kabartma tozu
- 2 çay kaşığı ube özü
- 1 fincan çok amaçlı un

BUZLANMA İÇİN
- 2 su bardağı pudra şekeri
- 4 yemek kaşığı hindistan cevizi sütü
- 1 yemek kaşığı süt
- 1/4-1/2 çay kaşığı Ube özü
- 1/2 bardak şekersiz kıyılmış hindistan cevizi

TALİMATLAR:
a) Fırını 350 dereceye kadar önceden ısıtın.
b) Çörek tepsisine yapışmaz sprey püskürtün.
c) Yağ, ayran, yumurta, şeker, tuz, kabartma tozu ve küp ekstraktını birleşene kadar karıştırın.
ç) Unu karıştırın ve pürüzsüz hale gelinceye kadar karıştırın. Hamuru çörek içine yaklaşık 3/4 dolu olacak şekilde kaşıkla dökün.
d) Donutları 15 dakika pişirin.
e) Fırından çıkarın, 5 dakika soğumaya bırakın, ardından çörekleri tavadan çıkarın.
f) Onlar soğurken pudra şekeri, süt ve küp ekstraktını birlikte çırparak glazürü hazırlayın.
g) Soğuduktan sonra her bir çörekin yarısını sırın içine batırın ve kuruması için bir tel ızgara üzerine yerleştirin. İstenirse hindistan cevizi serpin.

30.Ube Muz Çıtırtısı

İÇİNDEKİLER:
- 9 adet olgun saba muz
- 1 fincan çok amaçlı un
- ½ bardak mısır nişastası
- ½ bardak) şeker
- 1 yemek kaşığı ube aroması
- 1 yumurta
- ½ su bardağı içme suyu
- 2 su bardağı ekmek kırıntısı
- yemek yagı

SÜSLEME
- yoğunlaştırılmış süt

TALİMATLAR:
a) Muzu soyun ve dört parçaya bölün.
b) Her şişin üzerine dört dilim muz yerleştirin. Bir kenara koy
c) Bir karıştırma kabında yumurta, şeker, un, mısır nişastası, su ve küp aromasını birleştirin.
ç) İyice birleşene kadar karıştırın.
d) Muzu hamurla kaplayın. Hamurun damlamasına izin verin.
e) Ekmek kırıntıları ile serpin.
f) Tüm muzu hamurla kaplamaya devam edin.
g) Yağı bir tavada ısıtın. Orta ateşte kızartın.
ğ) Muzu gerektiği kadar veya altın rengi kahverengi olana kadar çevirin.
h) Fazla yağı çıkarmak için bir kağıt havlu üzerine boşaltın.
ı) Yoğunlaştırılmış sütle gezdirin.

31. Cevizli Fırında Ube

İÇİNDEKİLER:
- 1 bardak su
- 1 küp
- 1 yemek kaşığı saf akçaağaç şurubu
- 1 yemek kaşığı badem ezmesi
- 1 yemek kaşığı kıyılmış ceviz
- 2 yemek kaşığı yaban mersini, isteğe bağlı
- 1 çay kaşığı chia tohumu
- 1 çay kaşığı köri ezmesi

TALİMATLAR:
a) Hazır tencerenize bir bardak su ve buharlı pişirici rafını ekleyin.
b) Kapağı kapatın ve serbest bırakma valfinin doğru konumda olduğundan emin olarak küpü rafa yerleştirin.
c) Instant Pot'u manuel olarak 15 dakika boyunca yüksek basınca ısıtın.
ç) Zamanlayıcı kapandıktan sonra basıncın 10 dakika boyunca doğal bir şekilde düşmesine izin verin.
d) Kalan basıncı boşaltmak için tahliye vanasını çevirin.
e) Şamandıra valfi düştüğünde, kapağı açarak tüpü çıkarın.
f) Ube elle tutulabilecek kadar soğuduğunda ikiye bölün ve eti bir çatalla ezin.
g) Üzerine ceviz, yaban mersini ve chia tohumlarını ekleyin, ardından akçaağaç şurubu ve badem ezmesini gezdirin.

TOPLAMLAR VE DOLGULAR

32. Kızarmış Hindistan Cevizi Lorları (Latik)

İÇİNDEKİLER:
- 2 su bardağı hindistan cevizi kreması veya hindistan cevizi sütü
- Bir tutam tuz (isteğe bağlı)

TALİMATLAR:
a) Bir tencerede hindistancevizi kremasını orta ateşte ısıtın.
b) Ara sıra karıştırın ve hindistan cevizi sütü lor ve yağa ayrılıncaya kadar pişirin. Bu işlem yaklaşık 20-30 dakika kadar sürebilir.
c) İstenirse bir tutam tuz ekleyin ve lorlar altın rengi oluncaya kadar pişirmeye devam edin.
ç) Lorlar beğeninize göre kızartıldıktan sonra ocaktan alın ve soğumaya bırakın.
d) Lorları yağdan ayırmak için süzün.
e) Kızartılmış hindistancevizi lorunu (Latik) pirinç keki, puding veya dondurma gibi çeşitli tatlıların üzeri için kullanın.

33.Ahududu ve Chamoy Pichi-Pichi

İÇİNDEKİLER:

- 2 su bardağı rendelenmiş manyok (taze veya dondurulmuş, çözülmüş)
- 1 su bardağı şeker
- 1 bardak su
- 1 bardak hindistan cevizi sütü
- Ahududu şurubu
- Chamoy sosu

TALİMATLAR:

a) Bir kapta rendelenmiş manyok, şeker, su ve hindistan cevizi sütünü birleştirin. Şeker eriyene ve malzemeler tamamen birleşene kadar iyice karıştırın.
b) Karışımı yağlanmış bir tavaya veya kalıba dökün.
c) Karışımı yaklaşık 30-40 dakika veya katılaşana ve sertleşene kadar buharda pişirin.
ç) Pichi-pichi piştikten sonra porsiyonlara ayırmadan önce soğumasını bekleyin.
d) Daha fazla lezzet katmak için servis yapmadan önce pichi-pichi'nin üzerine ahududu şurubu ve güderi sosunu gezdirin.

34.Horchata Bibingka

İÇİNDEKİLER:

- 2 su bardağı yapışkan pirinç unu
- 1 bardak hindistan cevizi sütü
- 1 bardak horchata (pirinç sütü)
- 1 su bardağı şeker
- 1/4 su bardağı eritilmiş tereyağı
- 1 çay kaşığı kabartma tozu
- 1/2 çay kaşığı vanilya özü
- Muz yaprakları (pişirme kabını kaplamak için)

TALİMATLAR:

a) Fırınınızı önceden 350°F (175°C) ısıtın. Fırın tepsisini yağlayın ve muz yapraklarıyla kaplayın.

b) Bir kapta yapışkan pirinç unu, hindistancevizi sütü, horchata, şeker, eritilmiş tereyağı, kabartma tozu ve vanilya özünü birleştirin. Pürüzsüz olana kadar karıştırın.

c) Karışımı hazırlanan pişirme kabına dökün.

ç) 30-40 dakika veya bibingka sertleşip üstü altın rengi kahverengi olana kadar pişirin.

d) Sıcak servis yapın ve eşsiz lezzet birleşiminin tadını çıkarın!

35.Kurabiye ve Krema Suman Moron

İÇİNDEKİLER:

- 2 su bardağı yapışkan pirinç unu
- 1 bardak hindistan cevizi sütü
- 1/2 bardak kakao tozu
- 1/2 su bardağı şeker
- Doldurmak ve süslemek için ezilmiş çikolatalı kurabiyeler (Oreo gibi)

TALİMATLAR:

a) Bir kapta yapışkan pirinç ununu, hindistancevizi sütünü, kakao tozunu ve şekeri iyice birleşene kadar karıştırın.
b) Muz yapraklarını dikdörtgen parçalar halinde kesip yapışmasını önlemek için hafifçe yağla fırçalayarak hazırlayın.
c) Her muz yaprağının ortasına karışımdan bir kaşık koyun.
ç) Karışımın üzerine bir kat ezilmiş çikolatalı kurabiye ekleyin.
d) Muz yaprağını silindirik bir şekil oluşturacak şekilde yuvarlayın ve kenarlarını kapatın.
e) Suman moronunu yaklaşık 30-40 dakika veya tamamen pişene kadar buharda pişirin.
f) Pişirildikten sonra suman moronunu buharlı pişiriciden çıkarın ve soğumaya bırakın.
g) Suman moronunu muz yapraklarından çıkarın ve kaplamak için ezilmiş çikolatalı kurabiyelere yuvarlayın.
ğ) Kurabiyeleri ve kremalı suman moronunu servis edin ve tadını çıkarın!

36. Speculoos Biko

İÇİNDEKİLER:
- 2 su bardağı yapışkan pirinç
- 1 kutu (14 ons) yoğunlaştırılmış süt
- 1 bardak hindistan cevizi sütü
- 1/2 bardak speculoos yayıldı (kurabiye yağı)
- 1/2 su bardağı esmer şeker
- Üzeri için ezilmiş speculoos kurabiyeleri

TALİMATLAR:
a) Yapışkan pirinci paket talimatlarına göre pişirin.
b) Ayrı bir kapta yoğunlaştırılmış süt, hindistancevizi sütü, speculoos kreması ve esmer şekeri birleştirin. Orta ateşte sürekli karıştırarak iyice birleşip hafifçe koyulaşana kadar pişirin.
c) Pişmiş yapışkan pirinci süt karışımına ekleyin ve tamamen kaplanana kadar karıştırın.
ç) Karışımı yağlanmış fırın tepsisine aktarın ve üzerini spatula yardımıyla düzeltin.
d) Önceden ısıtılmış 175°C (350°F) fırında 20-25 dakika veya üstü altın rengi oluncaya kadar pişirin.
e) Fırından çıkarın ve hafifçe soğumasını bekleyin.
f) Servis yapmadan önce üzerine ezilmiş speculoos kurabiyeleri serpin.
g) Kareler halinde dilimleyin ve lezzetli bir tatlı veya atıştırmalık olarak servis yapın.

37. Mermer Tahin Palitaw

İÇİNDEKİLER:

- 2 su bardağı yapışkan pirinç unu
- 1 bardak su
- 1/4 su bardağı susam
- 1/4 su bardağı tahin
- 1/4 su bardağı şeker
- Rendelenmiş hindistan cevizi (kaplama için)

TALİMATLAR:

a) Bir kapta yapışkan pirinç ununu ve suyu pürüzsüz bir hamur oluşana kadar karıştırın.
b) Hamuru iki eşit parçaya bölün.
c) Bir porsiyonda susam ve tahini iyice birleşene kadar karıştırın.
ç) Her parçayı küçük toplar halinde yuvarlayın ve diskler oluşturacak şekilde hafifçe düzleştirin.
d) Bir tencerede suyu kaynatın, ardından hamur disklerini kaynayan suya bırakın.
e) Diskler yüzeye çıkana kadar pişirin, ardından oluklu bir kaşık kullanarak çıkarın ve fazla suyu boşaltın.
f) Pişmiş diskleri kaplamak için şekere ve rendelenmiş hindistan cevizine bulayın.
g) Mermer tahinli palitaw'u enfes bir atıştırmalık veya tatlı olarak servis edin.

38.Espasol Lokmaları

İÇİNDEKİLER:

- 2 su bardağı yapışkan pirinç unu
- 1 kutu (14 ons) hindistan cevizi sütü
- 1 su bardağı şeker
- Kavrulmuş hindistan cevizi gevreği (kaplama için)

TALİMATLAR:

a) Bir tavada yapışkan pirinç ununu orta ateşte hafif altın sarısı bir renk alana ve kokusu çıkana kadar kızartın.
b) Ayrı bir kapta hindistan cevizi sütü ve şekeri birleştirin. Orta ateşte şeker eriyene kadar pişirin.
c) Kavrulmuş yapışkan pirinç ununu yavaş yavaş hindistan cevizi sütü karışımına ekleyin ve kalın bir hamur oluşuncaya kadar sürekli karıştırın.
ç) Hamuru ocaktan alın ve hafifçe soğumasını bekleyin.
d) Hamuru küçük lokma büyüklüğünde toplar halinde yuvarlayın, ardından kaplama için kızarmış hindistan cevizi pullarına yuvarlayın.
e) Espasol ısırıklarını lezzetli bir atıştırmalık veya tatlı olarak servis edin.

39.Mini Salabundt Kekleri

İÇİNDEKİLER:
- 2 fincan çok amaçlı un
- 1 su bardağı şeker
- 1/2 bardak tereyağı, yumuşatılmış
- 1/2 su bardağı süt
- 2 yumurta
- 1 çay kaşığı kabartma tozu
- 1/2 çay kaşığı karbonat
- 1/4 çay kaşığı tuz
- 2 yemek kaşığı rendelenmiş zencefil (veya zencefil tozu)
- 1/4 bardak bal (isteğe bağlı, sır için)

TALİMATLAR:
a) Fırınınızı önceden 350°F (175°C) ısıtın. Mini bundt kek kalıplarını yağlayın.
b) Bir kapta tereyağı ve şekeri hafif ve kabarık olana kadar krema haline getirin.
c) Yumurtaları teker teker ekleyerek iyice birleşene kadar çırpın.
ç) Ayrı bir kapta un, kabartma tozu, kabartma tozu ve tuzu birlikte eleyin.
d) Kuru malzemeleri yavaş yavaş sütle dönüşümlü olarak ıslak malzemelere ekleyin ve birleşene kadar karıştırın.
e) Rendelenmiş zencefili hamur boyunca eşit şekilde dağılıncaya kadar karıştırın.
f) Hamuru hazırlanan mini kek kalıplarına, her birinin yaklaşık 3/4'ünü dolduracak şekilde kaşıkla dökün.
g) 20-25 dakika veya ortasına batırdığınız kürdan temiz çıkana kadar pişirin.
ğ) Tamamen soğuması için kekleri tel rafa aktarmadan önce birkaç dakika kalıpların içinde soğumaya bırakın.
h) İsteğe bağlı: Daha fazla tatlılık ve lezzet için soğutulmuş keklerin üzerine bal gezdirin.

40.Konfeti Piyano

İÇİNDEKİLER:

- 6 yumurta, ayrılmış
- 3/4 su bardağı şeker
- 1 su bardağı kek unu
- 1 çay kaşığı kabartma tozu
- 1/4 bardak gökkuşağı konfeti sprinkles
- Pudra şekeri (tozlamak için)

TALİMATLAR:

a) Fırınınızı önceden 350°F (175°C) ısıtın. Bir fırın tepsisini parşömen kağıdıyla yağlayın ve hizalayın.

b) Büyük bir karıştırma kabında yumurta aklarını sert zirveler oluşuncaya kadar çırpın. Yavaş yavaş şekeri ekleyin ve parlaklaşana kadar çırpmaya devam edin.

c) Ayrı bir kapta yumurta sarılarını krema kıvamına gelene kadar çırpın.

ç) Çırpılmış yumurta sarılarının üzerine kek ununu ve kabartma tozunu eleyin ve birleşene kadar yavaşça katlayın.

d) Çırpılmış yumurta aklarını hiç iz kalmayıncaya kadar dikkatlice katlayın.

e) Hamur boyunca eşit şekilde dağılıncaya kadar gökkuşağı konfeti serpintilerini katlayın.

f) Hazırlanan fırın tepsisine hamuru dökün ve bir spatula ile eşit şekilde yayın.

g) 10-12 dakika veya kek hafifçe altın rengi oluncaya ve hafifçe dokunulduğunda eski haline dönene kadar pişirin.

ğ) Pastayı fırından çıkarın ve biraz soğumasını bekleyin.

h) Pastanın üstünü pudra şekeri ile tozlayın, ardından hala sıcakken parşömen kağıdıyla dikkatlice yuvarlayın.

ı) Dilimleyip servis etmeden önce pastanın tamamen soğumasını bekleyin.

41. Ananaslı Ters Guava Cupcakes

İÇİNDEKİLER:
- 1 kutu (20 ons) ananas dilimleri, süzülmüş
- 1/2 su bardağı esmer şeker
- 1/4 su bardağı tuzsuz tereyağı
- Maraşino kirazı (isteğe bağlı)
- 1 1/2 bardak çok amaçlı un
- 1 çay kaşığı kabartma tozu
- 1/4 çay kaşığı tuz
- 1/2 bardak tuzsuz tereyağı, yumuşatılmış
- 3/4 su bardağı toz şeker
- 2 büyük yumurta
- 1 çay kaşığı vanilya özü
- 1/2 bardak guava suyu

TALİMATLAR:

a) Fırınınızı önceden 350°F (175°C) ısıtın. Muffin kalıbını yağlayın veya kek kalıplarıyla kaplayın.
b) Bir tencerede 1/4 bardak tereyağını orta ateşte eritin. Kahverengi şekeri ekleyin ve eriyene ve kabarcıklı hale gelinceye kadar karıştırın.
c) Esmer şeker karışımını muffin kalıplarına paylaştırın ve her kabın altına bir ananas dilimi yerleştirin. İstenirse, her ananas diliminin ortasına bir kiraz likörü kirazı yerleştirin.
ç) Bir kapta un, kabartma tozu ve tuzu birlikte çırpın.
d) Başka bir kapta 1/2 su bardağı yumuşatılmış tereyağını ve toz şekeri hafif ve kabarık olana kadar çırpın.
e) Yumurtaları teker teker ekleyin ve her eklemeden sonra iyice çırpın. Vanilya ekstraktını karıştırın.
f) Kuru malzemeleri yavaş yavaş ıslak malzemelere ekleyin, guava suyuyla dönüşümlü olarak ekleyin ve birleşene kadar karıştırın.
g) Hamuru, ananas dilimlerini kaplayacak şekilde muffin kaplarına eşit şekilde paylaştırın.
ğ) 18-20 dakika veya ortasına batırdığınız kürdan temiz çıkana kadar pişirin.
h) Servis tabağına ters çevirmeden önce kekleri muffin kalıbında birkaç dakika soğumaya bırakın.
ı) Ananaslı guava keklerini sıcak veya oda sıcaklığında ters çevirerek servis edin ve lezzetli tropik lezzetlerin tadını çıkarın!

42.Ube Macapuno Erimiş Lav Kekleri

İÇİNDEKİLER:
- 1/2 su bardağı tuzsuz tereyağı
- 4 ons beyaz çikolata, doğranmış
- 2 büyük yumurta
- 2 büyük yumurta sarısı
- 1/4 su bardağı toz şeker
- 1/4 çay kaşığı tuz
- 1/4 bardak çok amaçlı un
- 1/2 bardak ube halaya (yukarıdaki tarife göre hazırlanmıştır)
- 1/2 bardak macapuno telleri veya şeritleri

TALİMATLAR:
a) Fırınınızı 220°C'ye (425°F) önceden ısıtın. Dört ramekini yağlayın ve fırın tepsisine yerleştirin.
b) Mikrodalgaya dayanıklı bir kapta, tereyağını ve beyaz çikolatayı kısa aralıklarla, her patlama arasında karıştırarak pürüzsüz hale gelene kadar eritin. Biraz soğumaya bırakın.
c) Ayrı bir kapta yumurtaları, yumurta sarılarını, şekeri ve tuzu rengi açılıp koyulaşana kadar çırpın.
ç) Eritilmiş tereyağı ve beyaz çikolata karışımını iyice birleşene kadar karıştırın.
d) Birleşene kadar unu katlayın.
e) Hazırladığınız muhallebinin yarısını kalıplara eşit şekilde paylaştırın.
f) Her bir ramekinin ortasına bir kaşık dolusu ube halaya ve macapuno ipi yerleştirin, ardından kalan hamuru üzerine dökün.
g) 12-14 dakika veya kenarları sertleşip ortası hala yumuşak olana kadar pişirin.
ğ) Fırından çıkarın ve bir dakika soğumalarını bekleyin.
h) Gevşetmek için her pastanın kenarına dikkatlice bir bıçak sürün, ardından servis tabaklarına ters çevirin.
ı) Ube macapuno erimiş lav keklerini hemen servis edin ve lezzetli, sızan dolgunun tadını çıkarın!

43.Hatmi Dolgulu Mamon

İÇİNDEKİLER:
- 1/2 su bardağı kek unu
- 1/2 bardak çok amaçlı un
- 1 çay kaşığı kabartma tozu
- 1/4 çay kaşığı tuz
- 1/2 bardak tuzsuz tereyağı, yumuşatılmış
- 1/2 su bardağı toz şeker
- 4 büyük yumurta sarısı
- 1/4 su bardağı süt
- 1 çay kaşığı vanilya özü
- Marshmallow, küçük parçalar halinde kesilmiş

TALİMATLAR:
a) Fırınınızı önceden 350°F (175°C) ısıtın. Muffin kalıplarını yağlayın ve unlayın veya kek kağıtlarıyla kaplayın.
b) Bir kapta kek ununu, çok amaçlı unu, kabartma tozunu ve tuzu birlikte eleyin.
c) Başka bir kapta tereyağı ve şekeri hafif ve kabarık olana kadar krema haline getirin.
ç) Yumurta sarılarını teker teker ekleyin ve her eklemeden sonra iyice çırpın. Vanilya ekstraktını karıştırın.
d) Kuru malzemeleri yavaş yavaş sütle dönüşümlü olarak tereyağı karışımına ekleyin ve pürüzsüz hale gelinceye kadar karıştırın.
e) Her muffin kalıbını yarıya kadar hamurla doldurun.
f) Her muffin kabının ortasına bir parça marshmallow koyun, ardından kapların yaklaşık 3/4'ü dolana kadar daha fazla hamurla kaplayın.
g) 15-18 dakika veya altın rengi kahverengi olana ve ortasına batırdığınız kürdan temiz çıkana kadar pişirin.
ğ) Hatmi dolgulu mamonun birkaç dakika muffin kalıbında soğumasını bekleyin ve ardından tamamen soğuması için tel rafa aktarın.
h) Hatmi dolgulu mamonu enfes bir atıştırmalık veya tatlı olarak servis edin ve her lokmada sürpriz marshmallow merkezinin tadını çıkarın!

44. Yema Buckeyes

İÇİNDEKİLER:

- 1 su bardağı kremalı fıstık ezmesi
- 1/2 su bardağı pudra şekeri
- 1/4 bardak tuzsuz tereyağı, yumuşatılmış
- 1 çay kaşığı vanilya özü
- Bir tutam tuz
- 1 su bardağı yarı tatlı çikolata parçaları
- 1 yemek kaşığı sebze kısaltması

TALİMATLAR:

a) Bir kapta fıstık ezmesini, pudra şekerini, yumuşatılmış tereyağını, vanilya özütünü ve tuzu iyice birleşene kadar karıştırın.

b) Fıstık ezmesi karışımını küçük toplar haline getirin ve bunları parşömen kağıdıyla kaplı bir fırın tepsisine yerleştirin.

c) Fıstık ezmesi toplarını buzdolabında yaklaşık 30 dakika kadar dondurun.

ç) Mikrodalgaya dayanıklı bir kapta çikolata parçacıklarını ve sebze yağını kısa aralıklarla eritin, her patlama arasında pürüzsüz hale gelinceye kadar karıştırın.

d) Bir kürdan veya çatal kullanarak, her soğutulmuş fıstık ezmesi topunu eritilmiş çikolataya batırın ve küçük bir kısmı açıkta bırakarak gözü andırın.

e) Daldırılmış topları parşömen kaplı fırın tepsisine tekrar yerleştirin.

f) Tüm toplar batırıldıktan sonra, çikolatanın donmasını sağlamak için fırın tepsisini buzdolabına geri koyun.

g) Çikolata donduktan sonra, kestaneleri buzdolabından çıkarın ve lezzetli bir ikram olarak tadını çıkarın!

MANGO TATLILARI

45. Mangolu ve Acılı Cheesecake

İÇİNDEKİLER:
- 1 1/2 bardak graham kraker kırıntısı
- 1/4 su bardağı toz şeker
- 1/2 su bardağı tuzsuz tereyağı, eritilmiş
- 16 ons krem peynir, yumuşatılmış
- 1/2 su bardağı pudra şekeri
- 1 çay kaşığı vanilya özü
- 1 bardak ağır krema
- 1 bardak mango püresi
- 1-2 çay kaşığı pul biber (damak tadınıza göre ayarlayın)
- Garnitür için mango dilimleri ve pul biber (isteğe bağlı)

TALİMATLAR:
a) Fırınınızı önceden 350°F (175°C) ısıtın. 9 inçlik yaylı bir tavayı yağlayın.
b) Bir kapta graham kraker kırıntılarını, toz şekeri ve eritilmiş tereyağını iyice birleşene kadar karıştırın. Karışımı hazırlanan kelepçeli kalıbın tabanına bastırın.
c) Kabuğu 10 dakika pişirin, ardından fırından çıkarın ve tamamen soğumasını bekleyin.
ç) Büyük bir karıştırma kabında krem peynirini pürüzsüz ve kremsi bir kıvama gelinceye kadar çırpın.
d) Pudra şekeri ve vanilya özütünü ekleyin ve iyice birleşene kadar çırpın.
e) Ayrı bir kapta, ağır kremayı sert tepeler oluşuncaya kadar çırpın.
f) Çırpılmış kremayı krem peynir karışımına pürüzsüz hale gelinceye kadar yavaşça katlayın.
g) Karışımı ikiye bölün. Bir yarısına mango püresini, diğer yarısına da biber tozunu karıştırın.
ğ) Mango karışımını soğutulmuş kabuğun üzerine dökün ve eşit şekilde dağıtın.
h) Biber karışımını dikkatlice mango tabakasının üzerine dökün ve eşit bir şekilde dağıtın.
ı) Cheesecake'i en az 4 saat veya katılaşana kadar buzdolabında saklayın.
i) Ayarlandıktan sonra servis yapmadan önce istenirse mango dilimleri ve pul biberle süsleyin.

46. Taze Mango, Bal ve Hindistan Cevizi

İÇİNDEKİLER:
- 2 olgun mango, soyulmuş ve şeritler halinde kesilmiş
- 4 yemek kaşığı temiz bal
- 20g kurutulmuş hindistan cevizi, altın rengi kahverengi olana kadar hafifçe kızartılmış (veya 4 çay kaşığı hindistan cevizi gevreği)
- ¼ çay kaşığı öğütülmüş tarçın

TALİMATLAR:
a) Mangoyu servis tabağına yerleştirin ve üzerine bal gezdirin, ardından hindistan cevizi ve tarçın üzerine serpin.
b) Vanilyalı dondurma veya yapışkan pirinçle servis yapın.

47.Filipinli Mango Yapışkan Pirinç Tatlısı

İÇİNDEKİLER:

- Yapışkan pirinç: 1 ve ½ bardak
- Bardak şekersiz hindistan cevizi sütü: 1 ⅓ bardak
- Toz şeker: ½ su bardağı
- Tuz: ¼ çay kaşığı
- Susam tohumları: 1 yemek kaşığı (hafifçe kızartılmış)
- Büyük mango: 1 (soyulmuş ve çekirdeği çıkarılmış doğranmış)

TALİMATLAR:

a) Pirinci soğuk suda 30 dakika bekletin.
b) Büyük bir tencerede pirinci ve 2 bardak suyu birleştirin. Kapağı kapalı olarak kaynatın.
c) Isıyı azaltın ve su kaynamaya başlayıncaya kadar 15-20 dakika pişirin.
ç) Başka bir tencereye 1 su bardağı hindistan cevizi sütü ve ¼ su bardağı şekeri ekleyin. Şeker eriyene kadar pişirin.
d) Karışımı yavaş yavaş pişmiş pirincin üzerine ekleyin ve 30 dakika bekletin. Sosu hazırlayın
e) Kalan şekeri ve hindistancevizi sütünü küçük bir tencerede kısık ateşte yaklaşık 10-15 dakika pişirin.
f) Yapışkan pirinci dilimlenmiş veya küp şeklinde kesilmiş mango, hindistan cevizi sosu gezdirilmiş ve üzerine susam serpilmiş olarak servis edin.

48.Mangolu ve Biberli Dondurmalı Pasta

İÇİNDEKİLER:

- 1 önceden hazırlanmış pasta kabuğu (veya ev yapımı)
- 2 bardak mangolu dondurma
- 2 bardak biberli dondurma
- Garnitür için mango dilimleri ve pul biber (isteğe bağlı)

TALİMATLAR:

a) Fırınınızı önceden 375°F (190°C) ısıtın.
b) Pasta kabuğunu paket talimatlarına göre veya altın kahverengi olana kadar pişirin. Tamamen soğumasını bekleyin.
c) Pasta kabuğu soğuduktan sonra mangolu dondurmayı tabana eşit şekilde yayın.
ç) Biberli dondurmayı mangolu dondurma katmanının üzerine eşit şekilde yayın.
d) Pastayı plastik ambalajla örtün ve en az 4 saat veya sertleşinceye kadar dondurun.
e) Dondurulduktan sonra servis yapmadan önce istenirse mango dilimleri ve pul biberle süsleyin.

49.o ile Hindistan Cevizli Tapyoka Pudingi

İÇİNDEKİLER:
- Hindistan cevizi sütü: 2 kutu
- Tapyoka granülleri: ¼ bardak
- Şekersiz hindistan cevizi: ½ bardak (rendelenmiş)
- Bal: 2 yemek kaşığı
- Taze mango: 1 (soyulmuş ve doğranmış)
- Limon kabuğu rendesi: 1

TALİMATLAR:
a) Bir tencerede hindistancevizi sütünü orta ateşte kaynayana kadar ısıtın.
b) Tapyoka ve kıyılmış hindistan cevizini ekleyin, sık sık karıştırarak 15 dakika pişirin.
c) Balı birleştirin ve karışımı donması için buzdolabına koyun.
ç) Kaselerdeki tapyoka pudinginin üzerine mango parçalarını, biraz bal ve limon kabuğu rendesini koyun. İyi eğlenceler!

50.Mango-Portakal Soslu Yıldız Meyvesi

İÇİNDEKİLER:

- Yıldız meyvesi: 1 olgun (taze, kesilmiş, çekirdekleri çıkarılmış ve dilimlenmiş)
- Portakal suyu: 1 su bardağı
- Mango: 1 olgun, taze
- Esmer şeker: ¼ bardak
- Hindistan cevizi sütü: 1 su bardağı
- Nar taneleri/kiraz: bir avuç taze

TALİMATLAR:

a) Yıldız meyve dilimlerini bir tencereye alıp ocağın üzerine yerleştirin.
b) Karışıma portakal suyunu ekleyin. Isıyı yüksek seviyeye getirin ve meyve suyu kaynamaya başlayıncaya kadar sürekli karıştırın.
c) Isıyı en aza indirin ve meyve suyunun 10 dakika pişmesine izin verin.
ç) Mangoyu blenderda püre haline getirin. Karışım pürüzsüz ve püre haline gelinceye kadar karıştırın.
d) Yıldız meyvesi d1'e yaklaştığında şekeri/tatlandırıcıyı ekleyin ve karıştırarak çözünmesini sağlayın.
e) Tencereyi ateşten çıkarın.
f) Tamamen birleşene kadar mango püresini karıştırın. Şekerini damak tadınıza göre ayarlayın.
g) Meyveyi tamamen kaplayacak kadar sosla birlikte tabak başına 3 yıldızlı meyve dilimleri yerleştirin.
ğ) Üzerine biraz Hindistan cevizi sütü gezdirin.

51.Mango ve Biberli Dondurmalı Kek

İÇİNDEKİLER:
- 1 adet önceden hazırlanmış pandispanya veya sade kek
- 2 bardak mangolu dondurma
- 2 bardak biberli dondurma
- Garnitür için mango dilimleri ve pul biber (isteğe bağlı)

TALİMATLAR:
a) 9 inçlik yuvarlak bir kek tepsisini plastik ambalajla hizalayın ve yanlarda bir miktar çıkıntı bırakın.
b) Pandispanyayı yatay olarak iki kat halinde dilimleyin.
c) Hazırladığınız kek kalıbının tabanına pandispanyanın bir katını yerleştirin.
ç) Mangolu dondurmayı pandispanya tabakasının üzerine eşit şekilde yayın.
d) Pandispanyanın ikinci katını mangolu dondurmanın üzerine yerleştirin.
e) Biberli dondurmayı ikinci pandispanya tabakasının üzerine eşit şekilde yayın.
f) Kek kalıbını plastik ambalajla örtün ve en az 4 saat veya sertleşinceye kadar dondurun.
g) Dondurulduktan sonra, plastik ambalajı kaldırarak pastayı kalıptan çıkarın.
ğ) Servis yapmadan önce isterseniz mango dilimleri ve pul biberle süsleyin.

52.Mango Şamandırası

İÇİNDEKİLER:
- 4 olgun mango, soyulmuş ve dilimlenmiş
- 1 kutu (14 oz) şekerli yoğunlaştırılmış süt
- 1 paket (200 gr) graham kraker
- 1 paket (250ml) çok amaçlı krema veya krem şanti

TALİMATLAR:
a) Bir kapta, şekerli yoğunlaştırılmış sütü ve çok amaçlı kremayı veya çırpılmış kremayı birleştirin. İyice birleşene kadar karıştırın.
b) Dikdörtgen bir fırın tepsisinin altına bir kat graham krakerleri yerleştirin.
c) Graham krakerlerinin üzerine süt-krema karışımından bir kat sürün.
ç) Süt-krema karışımının üzerine bir kat dilimlenmiş mango ekleyin.
d) Tüm malzemeler kullanılıncaya kadar katmanları tekrarlayın ve üstüne bir kat süt-krema karışımı koyun.
e) Mango şamandırasını buzdolabında gece boyunca veya en az 4 saat boyunca soğutun.
f) Soğutulmuş olarak servis yapın ve kremalı ve meyveli tatlının tadını çıkarın.

MUZ TATLILARI

53.Filipinli Buharda Pişmiş Muzlu Kek

İÇİNDEKİLER:
- Hindistan cevizi rendesi: 1 paket
- Tuz: ¼ çay kaşığı
- Pirinç unu: ½ su bardağı
- Tapyoka unu: ¾ bardak
- Ararot nişastası: ½ yemek kaşığı
- Şekersiz hindistan cevizi kreması: 1 su bardağı
- Beyaz şeker: ½ su bardağı
- Olgun muz: 1 pound (püresi)
- Hindistan cevizi sütü: ½ bardak

TALİMATLAR:
a) Bir kapta hindistan cevizini ve ¼ çay kaşığı tuzu birleştirin; bir kenara koyun.
b) Büyük bir karıştırma kabında pirinç ununu, ararot nişastasını ve tapyoka ununu birlikte eleyin.
c) Hindistan cevizi kremasını ekleyip en az 10 dakika karıştırın.
ç) Daha sonra şekeri ekleyip eriyene kadar karıştırıyoruz.
d) Ezdiğiniz muzu iyice karıştırın.
e) Hindistan cevizi sütünü ve ⅛ çay kaşığı tuzu iyice karıştırın.
f) Bir fırın tepsisini (kare) veya alüminyum folyo kaplarını hamurla doldurun. Kenara ayırdığınız hindistan ceviziyle süsleyin.
g) Büyük bir sepet içeren bir buharlı tencerede yaklaşık 1-½ inç suyu kaynatın; Keki, tamamen pişene kadar kaynar su üzerinde 20 ila 25 dakika boyunca buharda pişirin.

54.Muzlu Börek Topları

İÇİNDEKİLER:
- 1 kg soyulmuş olgun muz
- 4 yemek kaşığı beyaz şeker
- 140 gr sade un
- 70g kendiliğinden kabaran un
- ½ çay kaşığı ince deniz tuzu
- 700ml bitkisel yağ

TALİMATLAR:
a) Muzları bir kasede pürüzsüz ve püre haline gelinceye kadar ezin, ardından şekeri, unu ve tuzu 2 yemek kaşığı suyla birlikte ekleyin. İyice karıştırın.
b) Yağı derin bir tencerede orta ateşte ısıtın. Yeterince sıcak olup olmadığını kontrol etmek için karışımdan yarım çay kaşığı damlatın ve yağın köpürdüğünü görürseniz hazır demektir. Termometreniz varsa sıcaklığı 180 ile 200°C arasında olmalıdır.
c) Karışımdan küçük damlacıkları sıcak yağın içine yavaşça bırakın. Her biri bir golf topu büyüklüğüne kadar genişlemelidir.
ç) Topları, rengi zengin koyu kahverengiye dönene kadar 3-4 dakika derin yağda kızartın. Delikli bir kaşıkla çıkarın ve fazla yağın süzülmesi için mutfak kağıdının üzerine koyun.
d) Dilerseniz vanilyalı dondurma ile servis yapın.

55. Hindistan Cevizi Sütünde Filipinli Muz-Lychee Tatlısı

İÇİNDEKİLER:
- Olgun muz: 2 küçük
- Hindistan cevizi sütü: 1 kutu (normal veya hafif)
- Esmer şeker: ¼-⅓ bardak
- Tutam tuz: 1 tutam
- Lychees: sekiz-on (taze veya konserve)

TALİMATLAR:
a) Muzları soyun ve 2 inçlik dilimler halinde kesin.
b) Bir tencerede hindistancevizi sütünü orta ateşte ısıtın.
c) Şekeri ve tuzu tamamen eriyene kadar karıştırın.
ç) ¼ su bardağı şekeri ekleyin. Daha tatlı seviyorsanız biraz daha koyun.
d) Muzları ve liçileri ekleyin. Muz ve liçi iyice ısınıncaya kadar karıştırın (1 ila 2 dakika).
e) Soğuk veya ılık olarak servis yapın.

56.Hindistan Cevizi Sütünde Filipinli Muz

İÇİNDEKİLER:
- Muz: 2 (soyulmuş, kalın yuvarlak dilimler)
- Hindistan cevizi sütü: 180ml
- 1½ yemek kaşığı Beyaz susam
- Beyaz şeker: 90g
- Su: 120ml
- Tuz: ½ çay kaşığı

TALİMATLAR:
a) Şeker ve suyu bir tencerede orta ateşte şeker eriyene kadar karıştırın.
b) Dilimlenmiş muzları ekledikten sonra 10 dakika pişirin.
c) Muzları tencereden çıkarın.
ç) Aynı tavaya hindistan cevizi sütü, susam tohumu ve ½ çay kaşığı tuz ekleyin.
d) Kaynatın, ardından ısıyı kapatın.
e) Muzların üzerine hindistan cevizi sütü sosunu gezdirin ve üzerine beyaz susam serpin. Derhal servis yapın.

57.Hindistan Cevizi Sütünde Tatlı Patates ve Muz

İÇİNDEKİLER:
- 200 gr tatlı patates, soyulmuş ve 2 cm'lik küpler halinde kesilmiş
- 800 ml hindistan cevizi sütü
- 100 gr beyaz şeker
- ½ çay kaşığı tuz
- 6 muz, soyulmuş ve çapraz olarak 2 cm'lik dilimler halinde kesilmiş

TALİMATLAR:
a) Bir tencerede patatesleri 500 ml suyla 8 dakika haşlayın, ardından süzün ve bir kenara koyun. Tavayı durulayın ve mutfak kağıdıyla kurulayın.
b) Hindistan cevizi sütünü, şekeri ve tuzu tavaya ekleyin ve orta ateşte kaynatın. Isıyı en aza indirin, patatesleri ve muz dilimlerini ekleyin ve 2-3 dakika pişirin.
c) Isıyı kapatıp servis yapın.

58.Muzlu Çin Böreği

İÇİNDEKİLER:

- 2 Büyük muz:
- Bahar rulo sarmalayıcılar
- 1 su bardağı esmer şeker
- Derin kızartma için yağ

TALİMATLAR:

a) Yağı fritözde önceden ısıtın.
b) Muzlar soyulmalı ve ½ boyunda kesilmelidir.
c) 1 dilim muzu yaylı rulo ambalajın köşesine çapraz olarak yerleştirin ve tadına göre kahverengi şeker serpin.
ç) Köşeden ortaya doğru yuvarlanmaya devam edin, ilerledikçe üst ve alt köşeleri katlayın. Son kenarı kapatmak için parmağınızı suya batırılmış halde fırçalayın. Muz dilimlerinin geri kalanıyla tekrarlayın.
d) Birkaç muz rulosunu sıcak yağda eşit şekilde kızarıncaya kadar kızartın. Sıcak veya soğutulmuş olarak servis yapın.

PİRİNÇ TATLILARI

59. Pirinç ve Hindistan Cevizli Buharda Pişmiş Kek

İÇİNDEKİLER:

- 8 adet muz yaprağı (veya alüminyum folyo), 10×30cm
- ½ çay kaşığı ince deniz tuzu
- 200 gr pirinç unu
- 100 gr kurutulmuş hindistan cevizi
- 50 gr pekmez şekeri

TALİMATLAR:

a) Kullanıyorsanız muz yapraklarını temizleyin, ardından birkaç saniye kısık ateşte veya su ısıtıcısından çıkan buharın üzerine koyarak yumuşatın.

b) Tuzu 150 ml ılık suyla geniş bir kaseye koyun ve iyice karıştırın. Bir hamur oluşturmak için pirinç ununu azar azar ekleyin. Ekmek kırıntısı benzeri bir doku oluşturmak için hamuru orta delikli bir elekteki deliklerden geçirin. Kurutulmuş hindistan cevizini karışıma ekleyin ve iyice karıştırın.

c) Bir buharlı pişirici kurun veya kapaklı bir wok veya derin tavaya bir raf koyun. 5 cm kadar su dökün ve yüksek ateşte kaynatın.

ç) Muz yaprağı kalıbı yapmak için, yaprağı (veya alüminyum folyoyu) yaklaşık 4 cm çapında silindir şeklinde yuvarlayın. Sabitlemek için kalıbın etrafına bir parça ip bağlayın. Kalıbın yarısını hindistan cevizi karışımıyla doldurun, ardından ortasında bir delik açın ve 1 çay kaşığı şeker ekleyin. Şimdi kalıbın diğer yarısını, karışımı çok sert olmayacak şekilde hafifçe bastırarak doldurun, aksi halde çok yoğun olacaktır. Karışım buhardaki nemi emecektir.

d) Muz yapraklarının geri kalanı ve kalan karışımla aynı işlemi tekrarlayın. Ruloları buharlayıcıya yerleştirin ve 10 dakika buharda pişirin.

e) Muz yaprağı kalıplarını çıkarın ve hemen servis yapın.

60. Koyu Hindistan Cevizli Şeker Şuruplu Sütlaç

İÇİNDEKİLER:
- 100 gr kısa taneli puding pirinci
- 50 gr koyu hindistan cevizi şekeri
- 100 gr pekmez şekeri
- Bir düğüme bağlanmış 1 pandan yaprağı (isteğe bağlı)
- 600 ml hindistan cevizi sütü
- ½ çay kaşığı ince deniz tuzu

TALİMATLAR:
a) Pirinci büyük bir tencereye koyun ve üzerini suyla örtün. Kaynatın, ateşi kısın ve yaklaşık 20 dakika veya tüm su emilene kadar pişirin.
b) Hindistan cevizi sütünü tencereye dökün ve sütün tamamı emilene kadar 15 dakika daha pişirin. Isıyı çıkarın.
c) Koyu hindistan cevizini, pekmez şekerini ve pandan düğümünü küçük bir tencereye koyun ve 150 ml su ekleyin. Orta ateşte kaynatın, ardından ısıyı azaltın ve miktarı yarıya indirecek şekilde 5 dakika pişirin.
ç) Servis etmek için sütlacı küçük kaselere alın ve üzerine şeker şurubunu dökün.

61.Filipinli Tatlı Pirinç Bardakları

İÇİNDEKİLER:

- Hindistan cevizi sütü: 1 ⅔ bardak
- Su: 1 ⅓ bardak
- Kısa taneli pirinç: 1 ve ½ bardak
- Şeker: 3 yemek kaşığı
- Tuz: 2 yemek kaşığı
- Filipin mangosu: 2 (olgun)
- Beyaz nektarin: 3

TALİMATLAR:

a) Hindistan cevizi sütünün kalın tabakasını kalıptan çıkarın ve ½'sini bırakın.
b) Sıvı hindistan cevizi sütünü suyla kaynatın.
c) Kısa taneli pirinci, tuzu ve şekeri karıştırın.
ç) Kapağı kapalı olarak 25 dakika kısık ateşte veya pirinç yumuşayana kadar pişirin.
d) Şimdi Hindistan cevizi kremasını pirince ekleyin.
e) 5 nektarin yarısından st1'leri çıkarın, yıkayın ve ikiye bölün. Kalan ½'si ince dilimler halinde kesilmelidir.
f) Mangoların 1'inden 8 ince dilim kesin. Kalan mangoları soyup küp küp doğrayın.
g) Yapışkan pirinci 4 büyük bardağa paylaştırın, üzerine doğranmış meyveleri koyun ve yanında meyve dilimleri ile servis yapın.

62. Pirinç ve Hindistan Cevizli Tatlı Krep

İÇİNDEKİLER:

- 150 gr pirinç unu
- 50 gr sade un
- 1 çay kaşığı kuru maya
- 6 yemek kaşığı beyaz şeker
- 200 ml hindistan cevizi sütü
- Yağlamak için 2 yemek kaşığı bitkisel yağ veya tereyağı

TALİMATLAR:

a) Pirinç ve sade unları, mayayı, şekeri ve hindistancevizi sütünü bir kaseye koyun ve 200 ml su ekleyin. Karışım iyice karışana kadar çırpın, daha sonra başka bir kaba süzün, üzerini streç filmle örtün ve 1 saat bekletin.

b) 20-25 cm'lik bir kızartma tavasını iyice ısıtın ve biraz sıvı yağ veya tereyağıyla yağlayın. Hamurdan 1 kepçe alıp sıcak tavaya tek seferde dökün. Hamur tavaya çarptığı anda tavayı eğerek yayılacak ve kenar çevresinde ince bir tabaka oluşturacak şekilde çevirin.

c) Kenarın etrafındaki ince hamurun çıtır altın kahverengiye dönüşmeye başlaması yalnızca 1 dakika kadar sürecektir. Üzerine katlayın ve ardından tavadan çıkarın. Kalan meyilli ile tekrarlayın. En iyi sıcak servis edilir.

63. Pandan Muhallebi ve Yapışkan Pirinç Katlı Tatlı

İÇİNDEKİLER:

- 300 gr yapışkan pirinç, 4 saat suda bekletilmiş
- 650 ml hindistan cevizi sütü
- 1 çay kaşığı ince deniz tuzu
- 4 orta boy yumurta
- 200 gr beyaz şeker
- ½ yemek kaşığı pandan özü (yukarıya bakın veya 2 çay kaşığı vanilya özü)
- 3 yemek kaşığı mısır unu
- 3 yemek kaşığı sade un

TALİMATLAR:

a) Bir buharlı pişirici kurun veya kapaklı bir wok veya derin tavaya bir raf koyun. 5 cm kadar su dökün ve orta ateşte kaynatın.

b) Yapışkan pirinci, yaklaşık 6 cm yüksekliğinde veya daha yüksek olan 23 cm'lik yuvarlak bir kek kalıbına koyun, buharlayıcıya yerleştirin ve 30 dakika buharda pişirin. 5 dakika dinlenmeye bırakın, ardından 200 ml hindistancevizi sütünü ve tuzu ekleyin ve buharda pişirilmiş pirinci düz hale gelinceye kadar bastırın. 10 dakika daha tekrar buharda pişirin.

c) Muhallebi katı için yumurta ve şekeri bir kapta şeker eriyene kadar çırpın. Pandan ekstraktını (veya pandan bulamıyorsanız vanilya ekstraktını) ve kalan hindistan cevizi sütünü ekleyin ve iyice karıştırın. Unları eleyin ve iyice birleşene kadar çırpın.

ç) Karışımı buharda pişirilmiş yapışkan pirincin üzerine dökün, üstünü düzeltin ve orta ateşte 1 saat boyunca buharda pişirin, buhardan gelen suyun muhallebi tabakasına damlamasını önlemek için buharlayıcının kapağını hafifçe açık bırakın.

d) Pişirdikten sonra tamamen soğutun ve dilimleyerek servis yapın.

MEYVE SALATALARI

64.Buko Salatası

İÇİNDEKİLER:

- 2 su bardağı genç hindistan cevizi (buko), kıyılmış
- 1 kutu (20 oz) meyve kokteyli, süzülmüş
- 1 bardak nata de coco (hindistancevizi jeli), süzülmüş
- 1 bardak kaong (şeker palmiyesi meyvesi), süzülmüş
- 1 su bardağı şekerli yoğunlaştırılmış süt
- 1 su bardağı çok amaçlı krema veya çırpılmış krema
- 1 su bardağı mini marshmallow (isteğe bağlı)

TALİMATLAR:

a) Büyük bir karıştırma kabında kıyılmış taze hindistan cevizini, meyve kokteylini, nata de coco'yu ve kaong'u birleştirin.

b) Şekerli yoğunlaştırılmış süt ve çok amaçlı krema veya çırpılmış krema ekleyin. Tüm malzemeler kaplanana kadar iyice karıştırın.

c) İstenirse mini marshmallow ekleyin ve yavaşça salataya katlayın.

ç) Servis yapmadan önce buko salatasını en az 1 saat buzdolabında soğutun.

d) Serinletici ve kremsi bir tatlı olarak soğutulmuş olarak servis yapın.

65.Filipin Usulü Meyve Salatası

İÇİNDEKİLER:
- 1½ bardak Ağır krema
- 8 ons paket krem peynir
- Üç adet 14 onsluk meyve kokteyli kutusu, süzülmüş
- 14 onsluk kutu ananas parçaları, süzülmüş
- 14 ons konserve liçi, süzülmüş
- 1 bardak Hindistan Cevizi
- 8 onsluk doğranmış badem paketi
- 1½ su bardağı küp şeklinde elma

TALİMATLAR:

a) Ağır kremayı ve krem peynirini pürüzsüz sos benzeri bir kıvama gelinceye kadar karıştırın. Diğer malzemelerle birleştirin ve iyice karıştırın, gece boyunca soğutun.

b) Lychee'leri atlayabilir, normal meyve kokteyli yerine tropikal meyve kokteyli kullanabilir ve dört kutu yapabilirsiniz.

c) Filipinliler Nestles Cream diye bir şey kullanıyor ama bulmak kolay değil.

66.tropikal meyve salatası

İÇİNDEKİLER:
- 1 yarı olgun mango, doğranmış
- 200 gr doğranmış taze ananas
- 10 liçi
- 4 kivi meyvesi, dörde bölünmüş
- 1 narın tohumları
- 10 nane yaprağı
- ½ çay kaşığı öğütülmüş tarçın
- 1 yıldız anason
- 500 ml liçi suyu

TALİMATLAR:
a) Tüm malzemeleri geniş bir kaseye koyun ve tarçın tozunu iyice karıştırmak için iyice karıştırın.
b) Servis yapmadan önce buzdolabında 20 dakika kadar soğutun.

EKMEK

67. Ensaymada

İÇİNDEKİLER:

- 4 su bardağı çok amaçlı un
- 1/2 su bardağı şeker
- 2 1/4 çay kaşığı anlık maya
- 1/2 su bardağı su
- 4 büyük yumurta
- 1/2 bardak buharlaştırılmış süt
- 1/2 bardak tuzsuz tereyağı, yumuşatılmış
- Üzeri için rendelenmiş peynir
- Toz almak için şeker

TALİMATLAR:

a) Bir kapta un, şeker ve hazır mayayı birleştirin.
b) Kuru malzemelere su, yumurta ve buharlaştırılmış süt ekleyin. Bir hamur oluşana kadar karıştırın.
c) Yumuşatılmış tereyağını ekleyin ve hamur pürüzsüz ve elastik hale gelinceye kadar yoğurun.
ç) Hamurun üzerini örtüp ılık bir ortamda hacmi iki katına çıkana kadar yaklaşık 1-2 saat mayalandırın.
d) Hamuru yumruklayın ve porsiyonlara bölün.
e) Her parçaya rulo veya yuvarlak şekil verin ve parşömen kağıdıyla kaplı bir fırın tepsisine yerleştirin.
f) Şekillendirilen hamurun, yaklaşık 30 dakika kadar kabarıncaya kadar tekrar yükselmesine izin verin.
g) Fırınınızı önceden 350°F (175°C) ısıtın.
ğ) Her bir ensaymadanın üstünü eritilmiş tereyağıyla fırçalayın ve üzerine rendelenmiş peynir serpin.
h) Önceden ısıtılmış fırında 15-20 dakika veya altın rengi kahverengi olana kadar pişirin.
ı) Fırından çıkarın ve hafifçe soğumaya bırakın. Servis yapmadan önce üzerine şeker serpin.

68. Pan de Coco

İÇİNDEKİLER:

HAMUR İÇİN:
- 4 su bardağı çok amaçlı un
- 1/2 su bardağı şeker
- 2 1/4 çay kaşığı anlık maya
- 1/2 su bardağı su
- 1/2 bardak hindistan cevizi sütü
- 2 büyük yumurta
- 1/4 bardak tuzsuz tereyağı, yumuşatılmış

DOLGU İÇİN:
- 1 su bardağı şekerli hindistan cevizi gevreği
- 1/2 su bardağı esmer şeker

TALİMATLAR:
a) Bir kapta un, şeker ve hazır mayayı birleştirin.
b) Kuru malzemelere su, hindistan cevizi sütü ve yumurta ekleyin. Bir hamur oluşana kadar karıştırın.
c) Yumuşatılmış tereyağını ekleyin ve hamur pürüzsüz ve elastik hale gelinceye kadar yoğurun.
ç) Hamurun üzerini örtüp ılık bir ortamda hacmi iki katına çıkana kadar yaklaşık 1-2 saat mayalandırın.
d) Bu arada, şekerli hindistancevizi pullarını ve esmer şekeri karıştırarak dolguyu hazırlayın.
e) Hamuru yumruklayın ve porsiyonlara bölün.
f) Hamurun her parçasını düzleştirin ve ortasına bir kaşık dolusu iç malzemeyi koyun.
g) Hamurun kenarlarını birbirine sıkıştırarak dolguyu kapatın, ardından top haline getirin.
ğ) Doldurduğunuz hamur toplarını parşömen kağıdıyla kaplı bir fırın tepsisine yerleştirin.
h) Şekillendirilen hamurun, yaklaşık 30 dakika kadar kabarıncaya kadar tekrar yükselmesine izin verin.
ı) Fırınınızı önceden 350°F (175°C) ısıtın.
i) Önceden ısıtılmış fırında 15-20 dakika veya altın rengi kahverengi olana kadar pişirin.
j) Fırından çıkarın ve servis yapmadan önce soğumasını bekleyin.

69.İspanyol Ekmeği

İÇİNDEKİLER:

HAMUR İÇİN:
- 4 su bardağı çok amaçlı un
- 1/2 su bardağı şeker
- 2 1/4 çay kaşığı anlık maya
- 1/2 su bardağı su
- 1/2 bardak buharlaştırılmış süt
- 2 büyük yumurta
- 1/4 bardak tuzsuz tereyağı, yumuşatılmış

DOLGU İÇİN:
- 1/2 bardak ekmek kırıntısı
- 1/2 su bardağı şeker
- 1/4 bardak tuzsuz tereyağı, yumuşatılmış

TALİMATLAR:

a) Bir kapta un, şeker ve hazır mayayı birleştirin.
b) Kuru malzemelere su, buharlaştırılmış süt ve yumurta ekleyin. Bir hamur oluşana kadar karıştırın.
c) Yumuşatılmış tereyağını ekleyin ve hamur pürüzsüz ve elastik hale gelinceye kadar yoğurun.
ç) Hamurun üzerini örtüp ılık bir ortamda hacmi iki katına çıkana kadar yaklaşık 1-2 saat mayalandırın.
d) Bu arada ekmek kırıntılarını, şekeri ve yumuşatılmış tereyağını iyice birleşene kadar karıştırarak iç malzemesini hazırlayın.
e) Hamuru yumruklayın ve porsiyonlara bölün.
f) Hamurun her kısmını düzleştirin ve üzerine bir kaşık dolusu iç malzemeden yayın.
g) Hamuru, dolguyu içine alacak şekilde bir kütük halinde yuvarlayın.
ğ) Her kütüğü daha küçük parçalara ayırın ve parşömen kağıdıyla kaplı bir fırın tepsisine yerleştirin.
h) Şekillendirilen hamurun, yaklaşık 30 dakika kadar kabarıncaya kadar tekrar yükselmesine izin verin.
ı) Fırınınızı önceden 350°F (175°C) ısıtın.
i) Önceden ısıtılmış fırında 15-20 dakika veya altın rengi kahverengi olana kadar pişirin.
j) Fırından çıkarın ve servis yapmadan önce biraz soğumasını bekleyin.

70.Turon (Muz Lumpia)

İÇİNDEKİLER:
- 6 adet olgun saba muz, soyulmuş ve uzunlamasına dilimlenmiş
- Lumpia sarmalayıcılar (yaylı rulo sarmalayıcılar)
- esmer şeker
- Jackfruit şeritleri (isteğe bağlı)
- Kızartmak için sıvı yağ

TALİMATLAR:
a) Lumpia ambalajını düz bir yüzeye yerleştirin.
b) Ambalajın üzerine bir dilim muz koyun, üzerine kahverengi şeker serpin ve kullanıyorsanız nefesi şeritleri ekleyin.
c) Lumpia ambalajını, dolguyu kapatmak için ilerledikçe yanlara doğru katlayarak sıkıca sarın.
ç) Kızartma sırasında açılmasını önlemek için kenarını biraz su ile kapatın.
d) Yemeklik yağı bir tavada orta ateşte ısıtın.
e) Turonu altın kahverengi ve gevrek olana kadar kızartın.
f) Fazla yağı çıkarmak için kağıt havluların üzerine boşaltın.
g) Sıcak servis yapın ve tatlı muz ile çıtır ambalajın lezzetli kombinasyonunun tadını çıkarın.

71.Bicho-Bicho (Bükümlü Donutlar)

İÇİNDEKİLER:
- 4 su bardağı çok amaçlı un
- 1/2 su bardağı şeker
- 2 1/4 çay kaşığı anlık maya
- 1/2 su bardağı su
- 1/2 bardak buharlaştırılmış süt
- 2 büyük yumurta
- 1/4 bardak tuzsuz tereyağı, yumuşatılmış
- Kızartmak için sıvı yağ
- Üzeri için pudra şekeri

TALİMATLAR:
a) Bir kapta un, şeker ve hazır mayayı birleştirin.
b) Kuru malzemelere su, buharlaştırılmış süt ve yumurta ekleyin. Bir hamur oluşana kadar karıştırın.
c) Yumuşatılmış tereyağını ekleyin ve hamur pürüzsüz ve elastik hale gelinceye kadar yoğurun.
ç) Hamurun üzerini örtüp ılık bir ortamda hacmi iki katına çıkana kadar yaklaşık 1-2 saat mayalandırın.
d) Hamuru yumruklayın ve porsiyonlara bölün.
e) Hamurun her bir kısmını yaklaşık 6 inç uzunluğunda bir ip halinde yuvarlayın.
f) Her bir ipi spiral şeklinde bükün ve uçlarını sıkıştırarak kapatın.
g) Yemeklik yağı derin bir tavada veya fritözde 350°F'ye (175°C) ısıtın.
ğ) Bicho-bicho'yu gruplar halinde, altın rengi kahverengi olana ve iyice pişene kadar, parti başına yaklaşık 3-4 dakika kızartın.
h) Fazla yağı çıkarmak için kağıt havluların üzerine boşaltın.
ı) Servis yapmadan önce üzerine pudra şekeri serpin.
i) Bu bükülmüş çöreklerin tadını enfes bir atıştırmalık veya tatlı olarak çıkarın.

72. Hopia

İÇİNDEKİLER:
- 2 fincan çok amaçlı un
- 1/2 su bardağı şeker
- 1/4 su bardağı bitkisel yağ
- 1/4 su bardağı su
- 1/2 çay kaşığı tuz
- Doldurma seçenekleri: tatlı maş fasulyesi ezmesi, kırmızı fasulye ezmesi veya şekerli kıyılmış hindistan cevizi

TALİMATLAR:
a) Bir kapta un, şeker ve tuzu birleştirin.
b) Kuru malzemelere bitkisel yağ ve su ekleyin. Bir hamur oluşana kadar karıştırın.
c) Hamuru hafifçe unlanmış bir yüzeyde pürüzsüz ve elastik hale gelinceye kadar yoğurun.
ç) Hamuru parçalara ayırın ve her parçayı top haline getirin.
d) Her hamur topunu yaklaşık 4 inç çapında bir daire şeklinde düzleştirin.
e) Her hamur çemberinin ortasına seçtiğiniz dolgudan bir kaşık dolusu yerleştirin.
f) Hamurun kenarlarını dolgunun üzerine katlayın ve kapatmak için sıkıştırın.
g) Doldurulmuş hamur toplarını parşömen kağıdıyla kaplı bir fırın tepsisine yerleştirin.
ğ) Üstleri yumurta akı ile fırçalayın (isteğe bağlı).
h) Önceden ısıtılmış 175°C (350°F) fırında 20-25 dakika veya altın rengi kahverengi olana kadar pişirin.
ı) Servis yapmadan önce soğumaya bırakın.

73.Filipinli Bibingka Muzlu Ekmek

İÇİNDEKİLER:
- Pişirme spreyi
- 1 (14- x 12 inç) parça muz yaprağı
- 1 ¼ su bardağı tatlı pirinç unu
- 1 ¼ su bardağı yapışkan pirinç unu
- 2 ½ çay kaşığı kabartma tozu
- 1 çay kaşığı koşer tuzu
- 1 su bardağı toz şeker
- 1 su bardağı çok olgunlaşmış muz püresi
- ¾ bardak iyice çalkalanmış ve karıştırılmış şekersiz hindistan cevizi sütü
- ½ bardak tuzsuz tereyağı (4 ons), eritilmiş
- 1 çay kaşığı vanilya özü
- 2 büyük yumurta, oda sıcaklığında

TALİMATLAR:
a) Fırınınızı 350°F'ye önceden ısıtın. 9 x 5 inçlik somun tepsisini pişirme spreyi ile yağlayın ve bir kenara koyun.

b) Makas kullanarak, muz yaprağından yaprağın merkez damarına paralel 12 x 4 inçlik bir şerit kesin. Muz yaprağının geri kalan kısmını, yaprağın damarlarına paralel olacak şekilde 3 (12 x 3 inç) şeritler halinde kesin.

c) 3 inç genişliğindeki muz yaprağı şeritlerini, tabanı tamamen hizalamak için gerektiği gibi üst üste gelecek şekilde somun tavasının tabanı ve yanları üzerine çapraz olarak yerleştirin. Yaprak uçlarının yanlardan 1 ila 2 inç kadar uzandığından emin olun. Kalan muz yaprağı şeridini uzunlamasına somun tepsisinin tabanı boyunca ve kısa kenarlarından kısmen yukarıya yerleştirin. Tavayı bir kenara koyun.

ç) Orta boy bir kapta tatlı pirinç ununu, yapışkan pirinç ununu, kabartma tozunu ve tuzu birlikte çırpın.

d) Büyük bir kapta toz şekeri, muz püresini, hindistancevizi sütünü, eritilmiş tereyağını, vanilya özütünü ve yumurtaları iyice birleşene kadar çırpın. Un karışımını şeker karışımına ekleyin ve tamamen birleşene kadar çırpın.

e) Hamuru hazırlanan tavaya dökün, eşit şekilde yayarak.

f) Muzlu ekmek altın rengi kahverengi olana ve hafifçe bastırıldığında üst kısmı eski haline dönene kadar önceden ısıtılmış fırında pişirin. Bu yaklaşık 1 saat 10 dakika ila 1 saat 20 dakika sürecektir. Pişirmenin son 20 dakikasında, aşırı kızarmayı önlemek için ekmeğin üzerini gevşek bir şekilde alüminyum folyo ile örtün.
g) Muz ekmeğini tel ızgara üzerindeki tavada tamamen soğumaya bırakın. Bu yaklaşık 2 saat 30 dakika ile 3 saat arası sürecektir.
ğ) Muz yapraklarını sap olarak kullanarak somunu tavadan dikkatlice çıkarın.
h) Muzlu ekmeği dilimleyin ve özgün bir dokunuş için muz yapraklarının üzerinde servis edin.

DONDURULMUŞ İKLİMLER

74.Pandan Dondurma

İÇİNDEKİLER:

- 1 litre ekstra kalın çift krema
- 500 ml tam yağlı süt
- ¼ çay kaşığı ince deniz tuzu
- 12 yumurta sarısı
- 300 gr beyaz pudra şekeri
- 1 yemek kaşığı kalın pandan özü
- Üzeri için (isteğe bağlı)
- 150 gr sade çikolata (en az %50 kakaolu)
- 100 ml tam yağlı süt
- 60 gr hazır tuzlanmış veya tuzsuz kavrulmuş fıstık, ezilmiş

TALİMATLAR:

a) Kremayı, sütü ve tuzu derin bir tencereye alıp kısık ateşte kaynama noktasına gelene kadar pişirin.

b) Yumurta sarılarını ve pudra şekerini bir kapta koyulaşana kadar çırpın. Krema ve süt karışımının yarısını yavaşça yumurta ve şekerin üzerine dökün, sürekli çırpın, ardından kalan krema ve sütü çırpın.

c) Karışımın tamamını tekrar tencereye aktarın ve pandan özünü ekleyin. Kaynama noktasına gelinceye kadar sürekli karıştırarak pıhtılaşmasını önleyin. Bu 3-4 dakika sürecektir.

ç) İnce bir metal elek kullanarak karışımı dondurucuya dayanıklı bir tabağa veya kaseye veya bir somun kalıbına süzün. 15 dakika kadar soğumasını bekledikten sonra dondurucuya kaldırın. 45 dakika sonra dondurucudan çıkarın ve çalkalayın ve bunu 2-3 saat boyunca her 45 dakikada bir yapmaya devam edin.

d) Çikolata sosunu hazırlamak için çikolatayı küçük parçalara bölüp ısıya dayanıklı bir kaseye koyun. Sütü ekleyin ve çikolata eriyene ve sütle birleşene kadar kaynar su dolu bir tencerenin üzerine koyun. Tamamen soğumasını bekleyin.

e) Servis etmek için dondurmayı kaselere alın, üzerine çikolata sosunu dökün ve üzerine dövülmüş fıstık serpin.

75.Filipinli Mangolu Dondurma

İÇİNDEKİLER:

- Mango: 2 (taze, olgun)
- Beyaz şeker: 1 su bardağı
- Hindistan cevizi sütü: 3 yemek kaşığı
- Limon suyu: 1 çay kaşığı
- Krem şanti: 1 su bardağı

TALİMATLAR:

a) Mangoları soyun ve dilimleyin.
b) Meyveleri bir mutfak robotuna yerleştirin; şekerle birlikte 1 dakika boyunca Blitz yapın.
c) Hindistan cevizi sütünü ve limon suyunu birkaç saniye karıştırıp karıştırın.
ç) Mango püresini bir kaseye dökün.
d) Mutfak robotunu veya blenderi yarısına kadar çırpılmış kremayla doldurun. Sert tepeler oluşana veya çok sert olana kadar kremayı çırpın.
e) Mango püresini çırpılmış kremayla 5 ila 10 saniye veya güçlü bir mango kreması kıvamına gelinceye kadar çırpın.
f) Karışımı bir dondurma kabına doldurun ve en az 6-8 saat dondurun.
g) Dondurma c1'lerine dökün veya kaselerde servis yapın.

76.Acı Karamel Soslu Dondurma

İÇİNDEKİLER:

- Vanilyalı dondurma: 6 kaşık
- Taze nane/fesleğen yaprakları: garnitür
- Yer fıstığı veya kaju fıstığı: ezilmiş veya doğranmış

KARAMEL SOSU:

- Tatlı Filipinli biber sosu: 4 yemek kaşığı
- Akçaağaç şurubu: 4 yemek kaşığı
- Tuz: bir tutam
- Limon suyu: ½ yemek kaşığı

TALİMATLAR:

a) Bir tencerede sos malzemelerinin tamamını birleştirin.
b) Tencereyi orta ateşe koyun ve 1 dakika boyunca sürekli karıştırarak pişirin.
c) Her servis kasesine 2 ila 3 kaşık vanilyalı dondurma koyun.
ç) Şimdi sıcak sosu kaşıkla üstüne eşit şekilde paylaştırın.
d) Hemen servis yapın ve keyfini çıkarın.

77. Traşlanmış Buz Tatlısı

İÇİNDEKİLER:

- Kurutulmuş fesleğen tohumu: 1 yemek kaşığı
- Traşlanmış buz: 1 bardak
- Kruton/ekmek parçaları: 10 gram
- 3 yemek kaşığı Yoğunlaştırılmış süt

TALİMATLAR:

a) Kurutulmuş fesleğen tohumlarını yarım bardak ılık suda 30 dakika bekletin.

b) Tatlıyı hazırlamak için bir kaseye krutonları, ıslatılmış fesleğen tohumlarını ve buzu yerleştirin.

c) İstediğiniz miktarda şurubu buzun üzerine dökün ve üzerine yoğunlaştırılmış süt gezdirin.

78.Halo-Halo Dondurmalar

İÇİNDEKİLER:

- 1 bardak hindistan cevizi sütü
- 1 su bardağı buharlaştırılmış süt
- 1/2 su bardağı şekerli yoğunlaştırılmış süt
- Çeşitli halo-halo malzemeleri (pişmiş tatlı fasulye, kaong, nata de coco, gulaman, şekerli meyveler vb.)
- buzlu şeker kalıpları
- Dondurma çubukları

TALİMATLAR:

a) Bir kapta hindistancevizi sütünü, buharlaştırılmış sütü ve şekerli yoğunlaştırılmış sütü iyice birleşene kadar karıştırın.
b) Çeşitli halo-halo bileşenlerini buzlu şeker kalıpları arasında bölün.
c) Süt karışımını halo-halo malzemelerinin üzerine dökün ve her kalıbı neredeyse üstüne kadar doldurun.
ç) Kalıplara dondurma çubuklarını yerleştirin.
d) En az 4 saat veya tamamen donuncaya kadar dondurun.
e) Dondurulduktan sonra buzlu çubukları kalıplardan çıkarın ve klasik Filipin tatlısındaki bu canlandırıcı dokunuşun tadını çıkarın.

79. Mango ve Hindistan Cevizi Şerbeti

İÇİNDEKİLER:

- 2 olgun mango, soyulmuş ve doğranmış
- 1 kutu (13,5 ons) hindistan cevizi sütü
- 1/4 su bardağı şeker (damak tadınıza göre ayarlayın)
- 1 yemek kaşığı limon suyu
- Bir tutam tuz

TALİMATLAR:

a) Doğranmış mangoları bir blender veya mutfak robotuna yerleştirin.
b) Karıştırıcıya hindistan cevizi sütü, şeker, limon suyu ve tuz ekleyin.
c) Pürüzsüz ve iyice birleşene kadar karıştırın.
ç) Gerekirse daha fazla şeker ekleyerek tatlılığı tadın ve ayarlayın.
d) Karışımı sığ bir kaba veya dondurma makinesine dökün.
e) Bir tabak kullanıyorsanız, üzerini streç filmle örtün ve buz kristallerini parçalamak için ara sıra karıştırarak en az 4 saat dondurun.
f) Dondurma makinesi kullanıyorsanız üreticinin talimatlarına göre çalkalayın.
g) Dondurulduktan sonra şerbeti kaselere veya külahlara koyun ve bu tropik ve canlandırıcı tatlının tadını çıkarın.

80.Ananas ve Hindistan Cevizli Granita

İÇİNDEKİLER:

- 2 su bardağı ananas parçaları
- 1 kutu (13,5 ons) hindistan cevizi sütü
- 1/4 su bardağı şeker (damak tadınıza göre ayarlayın)
- 1 yemek kaşığı limon suyu
- Bir tutam tuz

TALİMATLAR:

a) Ananas parçalarını bir blender veya mutfak robotuna yerleştirin.
b) Karıştırıcıya hindistan cevizi sütü, şeker, limon suyu ve tuz ekleyin.
c) Pürüzsüz ve iyice birleşene kadar karıştırın.
ç) Gerekirse daha fazla şeker ekleyerek tatlılığı tadın ve ayarlayın.
d) Karışımı sığ bir tabağa dökün.
e) Yemeği dondurucuya koyun ve yaklaşık 1 saat dondurun.
f) 1 saat sonra donmuş kenarları bir çatal kullanarak merkeze doğru kazıyın.
g) Karışım tamamen donup granit benzeri bir doku elde edene kadar her 30 dakikada bir kazımaya devam edin.
ğ) Dondurulduktan sonra granitayı kaselere veya bardaklara alın ve hemen hafif ve canlandırıcı bir tatlı olarak servis yapın.

81.Mango Hindistan Cevizli Buz Pops

İÇİNDEKİLER:
- 2 olgun mango, soyulmuş ve doğranmış
- 1 kutu (13,5 ons) hindistan cevizi sütü
- 1/4 bardak bal veya şeker (tadına göre ayarlayın)
- 1 yemek kaşığı limon suyu

TALİMATLAR:
a) Doğranmış mangoları bir blender veya mutfak robotuna yerleştirin.
b) Karıştırıcıya hindistan cevizi sütü, bal veya şeker ve limon suyu ekleyin.
c) Pürüzsüz ve iyice birleşene kadar karıştırın.
ç) Gerekirse tatlılığı tadın ve ayarlayın.
d) Karışımı buzlu şeker kalıplarına dökün.
e) Kalıplara dondurma çubuklarını yerleştirin.
f) En az 4 saat veya tamamen donuncaya kadar dondurun.
g) Dondurulduktan sonra buzlu çubukları kalıplardan çıkarın ve bu tropikal dondurulmuş ikramın tadını çıkarın.

82.Avokadolu dondurma

İÇİNDEKİLER:
- 2 olgun avokado, soyulmuş ve çekirdeği çıkarılmış
- 1 kutu (13,5 ons) hindistan cevizi sütü
- 1/4 bardak bal veya şeker (tadına göre ayarlayın)
- 1 yemek kaşığı limon suyu

TALİMATLAR:
a) Avokado etini bir blender veya mutfak robotuna yerleştirin.
b) Karıştırıcıya hindistan cevizi sütü, bal veya şeker ve limon suyu ekleyin.
c) Pürüzsüz ve iyice birleşene kadar karıştırın.
ç) Gerekirse tatlılığı tadın ve ayarlayın.
d) Karışımı sığ bir kaba veya dondurma makinesine dökün.
e) Bir tabak kullanıyorsanız, üzerini streç filmle örtün ve buz kristallerini parçalamak için ara sıra karıştırarak en az 4 saat dondurun.
f) Dondurma makinesi kullanıyorsanız üreticinin talimatlarına göre çalkalayın.
g) Dondurulduktan sonra avokado dondurmasını kaselere veya külahlara koyun ve bu kremsi ve canlandırıcı tatlının tadını çıkarın.

TOFU TATLILARI

83. Taho

İÇİNDEKİLER:

- 1 paket (14 oz) ipeksi tofu
- 1/4 su bardağı esmer şeker
- 1/4 bardak tapyoka incileri (paket talimatlarına göre pişirilir)
- Şurup (isteğe bağlı): 1/2 su bardağı esmer şeker, 1/2 su bardağı su, 1 çay kaşığı vanilya özü

TALİMATLAR:

a) İpek tofuyu küçük küpler halinde kesip servis kaselerine paylaştırın.
b) Şurup için küçük bir tencerede esmer şekeri ve suyu birleştirin. Şeker eriyene kadar orta ateşte ısıtın. Ateşten alın ve vanilya ekstraktıyla karıştırın.
c) Şurubu tofu küplerinin üzerine dökün.
ç) Her kaseye pişmiş tapyoka incileri ekleyin.
d) Rahatlatıcı ve besleyici bir tatlı olarak sıcak servis yapın.

84.Tofu Leche Börek

İÇİNDEKİLER:

- 1 paket (14 oz) ipeksi tofu
- 1 kutu (14 oz) yoğunlaştırılmış süt
- 1 kutu (12 oz) buharlaştırılmış süt
- 6 yumurta sarısı
- 1/2 su bardağı şeker

TALİMATLAR:

a) Fırını 350°F'ye (175°C) önceden ısıtın.
b) İpeksi tofuyu pürüzsüz hale gelinceye kadar karıştırın.
c) Bir kapta yoğunlaştırılmış sütü, buharlaştırılmış sütü, yumurta sarısını ve şekeri iyice birleşene kadar çırpın.
ç) Harmanlanmış tofuyu süt karışımına ekleyin ve pürüzsüz hale gelinceye kadar çırpın.
d) Karışımı llanera'ya (turta kalıpları) veya bir fırın tepsisine dökün.
e) Llanera'yı veya pişirme kabını daha büyük bir fırın tepsisine yerleştirin. Bir su banyosu oluşturmak için daha büyük tavayı llanera veya fırın kabının kenarlarına kadar sıcak suyla doldurun.
f) Yaklaşık 45-50 dakika veya leche turtası sertleşene kadar pişirin.
g) Soğumaya bırakın, ardından en az 2 saat veya gece boyunca buzdolabında saklayın.
ğ) Servis yapmak için llanera'yı bir tabağa ters çevirin ve karamel sosunun turtanın üzerinden akmasını sağlayın.

85.Tofu Halo-Halo

İÇİNDEKİLER:

- 1 paket (14 oz) ipeksi tofu
- Çeşitli halo-halo malzemeleri (pişmiş tatlı fasulye, kaong, nata de coco, gulaman, şekerli meyveler vb.)
- Traşlanmış buz
- Buharlaştırılmış süt
- Şeker şurubu (isteğe bağlı)

TALİMATLAR:

a) İpek tofuyu küçük küpler halinde kesip servis kaselerine paylaştırın.
b) Çeşitli halo-halo malzemelerini tofu küplerinin üzerine yerleştirin.
c) Üstüne traşlanmış buz ekleyin.
ç) Buharlaştırılmış sütü ve şeker şurubunu (kullanılıyorsa) traşlanmış buzun üzerine gezdirin.
d) Hemen servis yapın ve bu ferahlatıcı ve renkli tatlının tadını çıkarın.

86. Tofu Maja Blanca

İÇİNDEKİLER:

- 1 paket (14 oz) ipeksi tofu
- 1 kutu (13,5 ons) hindistan cevizi sütü
- 1/2 bardak mısır nişastası
- 1/2 su bardağı şeker
- 1/2 su bardağı su
- 1/2 bardak mısır taneleri (isteğe bağlı)
- Rendelenmiş hindistan cevizi (üzeri için)

TALİMATLAR:

a) İpeksi tofuyu pürüzsüz hale gelinceye kadar karıştırın.
b) Bir tencerede hindistan cevizi sütü, mısır nişastası, şeker ve suyu birleştirin. İyice birleşene kadar karıştırın.
c) Orta ateşte, sürekli karıştırarak, karışım koyulaşana kadar pişirin.
ç) Harmanlanmış tofuyu karışıma ekleyin ve pürüzsüz hale gelinceye kadar karıştırın.
d) Mısır tanelerini (kullanıyorsanız) ekleyin ve 2-3 dakika daha pişirmeye devam edin.
e) Karışımı yağlanmış bir kalıba dökün ve soğumaya bırakın ve bekletin.
f) Servisten önce kareler halinde kesin ve üzerine rendelenmiş hindistan cevizi serpin.

87. Tofu Mango Sago

İÇİNDEKİLER:

- 1 paket (14 oz) ipeksi tofu
- 1 olgun mango, soyulmuş ve doğranmış
- Paket talimatlarına göre pişirilmiş 1/2 bardak küçük tapyoka incileri (sago)
- 1 kutu (14 oz) hindistan cevizi sütü
- 1/4 su bardağı şeker (damak tadınıza göre ayarlayın)
- Kırılmış buz (isteğe bağlı)

TALİMATLAR:

a) İpeksi tofuyu pürüzsüz hale gelinceye kadar karıştırın.
b) Bir tencerede hindistancevizi sütünü orta ateşte ısıtın. Şekeri ekleyin ve eriyene kadar karıştırın.
c) Harmanlanmış tofuyu hindistan cevizi sütü karışımına ekleyin ve iyice birleşene kadar karıştırın.
ç) Isıdan çıkarın ve soğumaya bırakın.
d) Servis kaselerine bir kaşık dolusu pişmiş tapyoka incileri koyun.
e) Tapyoka incilerinin üzerine doğranmış mangoyu ekleyin.
f) Tofu-hindistan cevizi sütü karışımını mango ve tapyoka incilerinin üzerine dökün.
g) İstenirse kırılmış buzla soğutulmuş olarak servis yapın.

88.Tofu Ube Tapyoka Pudingi

İÇİNDEKİLER:
- 1 paket (14 oz) ipeksi tofu
- 1/2 su bardağı pişmiş tapyoka incileri (sago)
- 1/2 bardak püresi mor yam (ube)
- 1 kutu (14 oz) hindistan cevizi sütü
- 1/4 su bardağı şeker (damak tadınıza göre ayarlayın)
- Ube özü (renk ve tat için isteğe bağlı)
- Hindistan cevizi (üzeri için)

TALİMATLAR:
a) İpeksi tofuyu pürüzsüz hale gelinceye kadar karıştırın.
b) Bir tencerede hindistancevizi sütünü orta ateşte ısıtın. Şekeri ekleyin ve eriyene kadar karıştırın.
c) Hindistan cevizi sütü karışımına ezilmiş mor tatlı patates püresini ve pişmiş tapyoka incilerini ekleyin. İyice birleşene kadar karıştırın.
ç) İstenirse ekstra renk ve lezzet için birkaç damla kübe ekstraktı ekleyin.
d) Harmanlanmış tofuyu hindistan cevizi sütü karışımına dökün ve pürüzsüz hale gelinceye kadar karıştırın.
e) Isıdan çıkarın ve hafifçe soğumasını bekleyin.
f) Pudingi servis kaselerine paylaştırıp üzerine hindistan cevizi serpin.
g) İsteğe göre ılık veya soğuk olarak servis yapın.

89.Tofu Buko Pandan Salatası

İÇİNDEKİLER:

- 1 paket (14 oz) ipeksi tofu
- 1 kutu (14 oz) hindistan cevizi sütü
- 1/2 su bardağı şeker (damak tadınıza göre ayarlayın)
- 1 bardak genç hindistan cevizi (buko), kıyılmış
- 1 bardak pandan aromalı jelatin, küp şeklinde
- 1 bardak tapyoka incisi (pişmiş sago)
- 1/2 bardak kaong (şeker palmiyesi meyvesi), süzülmüş
- Nata de coco (isteğe bağlı)
- Şekerli yoğunlaştırılmış süt (çisirmek için)

TALİMATLAR:

a) İpeksi tofuyu pürüzsüz hale gelinceye kadar karıştırın.
b) Büyük bir kapta harmanlanmış tofu, hindistancevizi sütü ve şekeri iyice birleşene kadar karıştırın.
c) Tofu-hindistan cevizi sütü karışımına rendelenmiş genç hindistan cevizi, pandan aromalı jelatin küpleri, pişmiş tapyoka incileri, kaong ve nata de coco (kullanılıyorsa) ekleyin. Birleştirmek için yavaşça karıştırın.
ç) Salatayı servis yapmadan önce en az 1 saat buzdolabında soğutun.
d) İstenirse, servis yapmadan önce soğutulmuş salata üzerine tatlandırılmış yoğunlaştırılmış süt gezdirin.
e) Tofu buko pandan salatasını ferahlatıcı ve kremsi bir tatlı olarak servis edin.

REÇELLER VE REÇELLER

90. Matamis Na Bao

İÇİNDEKİLER:
- 2 su bardağı genç hindistan cevizi (buko), kıyılmış
- 1 bardak su
- 1 su bardağı esmer şeker

TALİMATLAR:
a) Bir tencerede su ve esmer şekeri birleştirin.
b) Karışımı orta ateşte ısıtın, şeker tamamen eriyene kadar karıştırın.
c) Rendelenmiş genç hindistan cevizini şurup karışımına ekleyin.
ç) Hindistan cevizi karışımını, sıvı buharlaşana ve hindistancevizi şeritleri tamamen şurupla kaplanana kadar ara sıra karıştırarak kısık ateşte pişirin.
d) Isıdan çıkarın ve soğumaya bırakın.
e) Soğuduktan sonra Matamis na Bao'yu saklamak için temiz bir kavanoza veya kaba aktarın.
f) Tek başına tatlı bir atıştırmalık veya tatlı olarak servis yapın veya halo-halo veya traşlanmış buz gibi çeşitli Filipinli tatlıların tepesi olarak kullanın.

91.Karamelize Muz ve Jackfruit Reçeli

İÇİNDEKİLER:
- 4 olgun muz, dilimlenmiş
- 1 su bardağı olgun jackfruit, doğranmış
- 1 su bardağı esmer şeker
- 1/4 su bardağı su
- 1/2 çay kaşığı vanilya özütü (isteğe bağlı)

TALİMATLAR:
a) Bir tencerede esmer şekeri ve suyu birleştirin.
b) Karışımı orta ateşte ısıtın, şeker tamamen eriyene kadar karıştırın.
c) Şurup karışımına dilimlenmiş muzları ve doğranmış jackfruit'i ekleyin.
ç) Karışımı, meyveler yumuşak ve karamelize olana ve sıvı reçel benzeri bir kıvama gelinceye kadar ara sıra karıştırarak kısık ateşte pişirin.
d) İstenirse ilave lezzet için vanilya özü ekleyin ve iyice karıştırın.
e) Isıdan çıkarın ve soğumaya bırakın.
f) Karamelize Muz ve Jackfruit Reçelini soğuduktan sonra saklamak için temiz bir kavanoza veya kaba aktarın.
g) Tost, krep veya waffle üzerine sürülebilir veya hamur işleri ve tatlılar için dolgu olarak kullanılabilir.

92.Şeftali Mango Kompostosu

İÇİNDEKİLER:
- 2 adet olgun şeftali, soyulmuş ve doğranmış
- 2 olgun mango, soyulmuş ve doğranmış
- 1/4 su bardağı şeker (damak tadınıza göre ayarlayın)
- 1/4 su bardağı su
- 1 yemek kaşığı limon suyu
- 1/2 çay kaşığı vanilya özü

TALİMATLAR:
a) Bir tencerede doğranmış şeftalileri, doğranmış mangoları, şekeri, suyu, limon suyunu ve vanilya özünü birleştirin.
b) Karışımı, meyveler yumuşayana ve sıvı komposto benzeri bir kıvama gelinceye kadar ara sıra karıştırarak orta ateşte ısıtın.
c) Gerekirse daha fazla şeker ekleyerek tatlılığı tadın ve ayarlayın.
ç) Isıdan çıkarın ve soğumaya bırakın.
d) Soğuduktan sonra Şeftali Mango Kompostosunu saklamak için temiz bir kavanoza veya kaba aktarın.
e) Yoğurt, dondurma, krep veya waffle için üst malzeme olarak servis yapın veya kek ve hamur işleri için dolgu olarak kullanın.

93.Mango Ananas Reçeli

İÇİNDEKİLER:
- 2 su bardağı olgun mango, soyulmuş ve doğranmış
- 1 bardak ananas parçaları
- 1 su bardağı toz şeker
- 2 yemek kaşığı limon suyu
- 1 çay kaşığı vanilya özü

TALİMATLAR:
a) Bir tencerede doğranmış mangoları, ananas parçalarını, şekeri, limon suyunu ve vanilya özünü birleştirin.
b) Karışımı, meyveler yumuşayana ve sıvı reçel benzeri bir kıvama gelinceye kadar ara sıra karıştırarak orta ateşte ısıtın.
c) Gerekirse daha fazla şeker ekleyerek tatlılığı tadın ve ayarlayın.
ç) Isıdan çıkarın ve soğumaya bırakın.
d) Soğuduktan sonra Mango Ananas Reçelini saklamak için temiz bir kavanoza veya kaba aktarın.
e) Tost, kraker veya sandviçlerin üzerine sürülerek tadını çıkarın veya hamur işleri ve tatlılar için dolgu olarak kullanın.

94.Guava Jölesi

İÇİNDEKİLER:
- 4 bardak guava posası (yaklaşık 12 olgun guavadan)
- 4 su bardağı toz şeker
- 1/4 bardak limon suyu
- 1 paket (3 oz) sıvı meyve pektini

TALİMATLAR:
a) Büyük bir tencerede guava posası, şeker ve limon suyunu birleştirin.
b) Karışımı orta-yüksek ateşte sürekli karıştırarak kaynatın.
c) Kaynamaya başladıktan sonra ısıyı orta-düşük seviyeye indirin ve ara sıra karıştırarak, karışım koyulaşana kadar yaklaşık 20 dakika pişirin.
ç) Sıvı meyve pektinini karıştırın ve 5 dakika daha pişirmeye devam edin.
d) Ateşten alın ve yüzeydeki köpükleri temizleyin.
e) Sıcak guava jölesini sterilize edilmiş kavanozlara dökün ve üstte yaklaşık 1/4 inç boşluk bırakın.
f) Kavanozları kapaklarla sıkıca kapatın ve kaynar su banyosunda 10 dakika bekletin.
g) Kavanozları su banyosundan çıkarın ve oda sıcaklığında soğumaya bırakın.
ğ) Soğuduktan sonra contalarını kontrol edin ve Guava Jölesini serin ve karanlık bir yerde saklayın.

95.Kalamansi Marmelatı

İÇİNDEKİLER:

- 2 su bardağı kalamansi suyu (süzülmüş)
- 2 su bardağı toz şeker
- 2 kalamansi kabuğu rendesi (isteğe bağlı)

TALİMATLAR:

a) Bir tencerede kalamansi suyunu, şekeri ve kalamansi kabuğu rendesini (kullanılıyorsa) birleştirin.
b) Karışımı orta-yüksek ateşte, şeker tamamen eriyene kadar sürekli karıştırarak kaynatın.
c) Isıyı orta-düşük seviyeye indirin ve karışımın, koyulaşıncaya ve istenilen kıvama gelinceye kadar ara sıra karıştırarak yaklaşık 30-40 dakika pişmesine izin verin.
ç) Isıdan çıkarın ve soğumaya bırakın.
d) Soğuduktan sonra Calamansi Marmelatını depolama için sterilize edilmiş kavanozlara veya kaplara aktarın.
e) Ekmeğe, muffinlere veya krakerlere sürülerek tadını çıkarın veya yoğurt veya dondurmanın üzerine sürmek için kullanın.

96. Mango Chutney

İÇİNDEKİLER:
- 2 olgun mango, soyulmuş ve doğranmış
- 1 soğan, ince doğranmış
- 1/2 bardak kuru üzüm
- 1/2 su bardağı elma sirkesi
- 1/2 su bardağı esmer şeker
- 1 çay kaşığı öğütülmüş zencefil
- 1/2 çay kaşığı öğütülmüş tarçın
- 1/4 çay kaşığı öğütülmüş karanfil
- Tatmak için biber ve tuz

TALİMATLAR:
a) Bir tencerede doğranmış mango, doğranmış soğan, kuru üzüm, elma sirkesi, esmer şeker, öğütülmüş zencefil, öğütülmüş tarçın, öğütülmüş karanfil, tuz ve karabiberi birleştirin.

b) Karışımı orta-yüksek ateşte kaynatın, ardından ısıyı en aza indirin ve ara sıra karıştırarak Hint turşusu kalınlaşıncaya ve tatlar birbirine karışana kadar yaklaşık 30-40 dakika pişirin.

c) Gerekirse baharatı tadın ve ayarlayın.

ç) Isıdan çıkarın ve soğumaya bırakın.

d) Soğuduktan sonra Mango Chutney'i depolama için sterilize edilmiş kavanozlara veya kaplara aktarın.

e) Izgara etlerin, sandviçlerin veya peynir tabaklarının yanında çeşni olarak tadını çıkarın.

97. Ananas Hindistan Cevizi Reçeli

İÇİNDEKİLER:
- 2 su bardağı doğranmış ananas
- 1 su bardağı rendelenmiş hindistan cevizi (taze veya kurutulmuş)
- 1 su bardağı toz şeker
- 1/4 su bardağı su
- 1 yemek kaşığı limon suyu
- 1/2 çay kaşığı vanilya özü

TALİMATLAR:
a) Bir tencerede doğranmış ananas, rendelenmiş hindistan cevizi, şeker, su, limon suyu ve vanilya özünü birleştirin.
b) Karışımı, meyveler yumuşayana ve sıvı reçel benzeri bir kıvama gelinceye kadar ara sıra karıştırarak orta ateşte ısıtın.
c) Gerekirse daha fazla şeker ekleyerek tatlılığı tadın ve ayarlayın.
ç) Isıdan çıkarın ve soğumaya bırakın.
d) Soğuduktan sonra Ananas Hindistan Cevizi Reçelini saklamak için temiz bir kavanoza veya kaba aktarın.
e) Kızarmış ekmek, kekler veya kreplerin üzerine sürülerek tadını çıkarın veya yoğurt veya yulaf ezmesinin üzerine sürmek için kullanın.

98.Acılı Mango Chutney

İÇİNDEKİLER:
- 2 olgun mango, soyulmuş, çekirdeği çıkarılmış ve doğranmış
- ½ bardak) şeker
- ¼ bardak sirke
- 2-3 adet kırmızı pul biber (ince kıyılmış) (baharat tercihinize göre ayarlayın)
- ½ çay kaşığı zencefil, rendelenmiş
- ½ çay kaşığı öğütülmüş karanfil
- Tatmak için tuz

TALİMATLAR:

a) Bir tencerede mango, şeker, sirke, kırmızı biber, zencefil, öğütülmüş karanfil ve bir tutam tuzu birleştirin.

b) Karışım kalınlaşana ve mangolar yumuşayana kadar ara sıra karıştırarak kısık ateşte pişirin.

c) Hint turşusunu soğumaya bırakın ve ardından bir kavanozda saklayın. Bu baharatlı mango turşusu yemeklerinize tatlı ve baharatlı bir tat katmak için mükemmeldir.

99.Taze ananas turşusu

İÇİNDEKİLER:

- 1 Lg.(6-7 lb)taze ananas
- 1 yemek kaşığı Tuz
- ½ Lg. karanfil sarımsak,püre
- 1¾ su bardağı çekirdeksiz kuru üzüm
- 1¼ bardak Açık kahverengi şeker
- 1 su bardağı elma sirkesi
- 2 2 inç tarçın çubuğu
- ¼ çay kaşığı öğütülmüş karanfil

TALİMATLAR:

Ananası soyun, parçalara ayırın ve ince ince doğrayın. tuz serpin ve 1½ saat dinlendirin . Boşaltın.

Sarımsağı ve kuru üzümü orta dereceli bıçağı kullanarak bir yiyecek kıyıcının içinden geçirin. Ananasa ekleyin.

Şekeri, sirkeyi ve baharatları bir tencerede karıştırıp kaynama noktasına getirin. Meyve karışımını ekleyin ve orta ateşte koyulaşana kadar yaklaşık 45 dakika pişirin. Sıcak, sterilize edilmiş fraksiyonel kavanozlara koyun ve hemen kapatın.

100.Limon turşusu

İÇİNDEKİLER:

- 12 limon
- 2 bakla sarımsak
- 4 inç parça zencefil
- 8 Yeşil biber
- 1 yemek kaşığı toz biber
- 12 yemek kaşığı Şeker
- 1 bardak Sirke

TALİMATLAR:

a) Limonları temizleyip çekirdeklerini çıkararak küçük parçalar halinde doğrayın. Doğrayırken biriken limon suyunu saklayın.
b) Sarımsak, zencefil ve biberleri ince ince doğrayın.
c) Sirke dışındaki tüm malzemeleri birlikte karıştırın.
ç) Karışım koyulaşana kadar kısık ateşte pişirin. Sirkeyi ekleyin ve 5 dakika pişirin.
d) Soğutun ve şişeleyin. 3-4 hafta sonra yiyin.

ÇÖZÜM

Filipinli Amerikan tatlıları dünyasındaki yolculuğumuzu tamamlarken, umarım bu yemek kitabı size hayatın tatlılığını kucaklamanız ve mutfak deneyimlerimizi şekillendiren zengin kültürel mirası kutlamanız için ilham vermiştir. "Mayumu: Filipinli Amerikan Tatlıları" geleneği onurlandırmak, yaratıcılığı teşvik etmek ve tatlı ikramların keyfini sevdiklerinizle paylaşmak tutkusuyla hazırlandı.

Bu lezzetli maceraya bana katıldığınız için teşekkür ederim. Mutfağınız taze pişmiş bibingka aromaları, halo-halo'nun canlı renkleri ve ailenizle ve arkadaşlarınızla paylaştığınız anların tatlı anılarıyla dolsun. İster bir dilim pasta ister bir kaşık dolusu muhallebinin tadını çıkarın, bu Filipinli Amerikan tatlılarının her bir ısırığı sizi bu sevilen mutfağın kalbine ve ruhuna daha da yaklaştırsın.

Tekrar buluşana kadar, mutlu pişirmeler ve tatlılarınız her zaman Mayumu tatlılığıyla dolsun. Salamat po ve her lezzetli anın tadını çıkarın!

www.ingramcontent.com/pod-product-compliance
Lightning Source LLC
Chambersburg PA
CBHW070353120526
44590CB00014B/1115